ERNEST CHEVALIER

Ancien Procureur général

Député de Maine-et-Loire

NOTES BIOGRAPHIQUES

ERNEST CHEVALIER

Ancien Procureur général,
Député de Maine-et-Loire

SON INTIMITÉ AVEC GUSTAVE FLAUBERT
LETTRES INÉDITES DE L'AUTEUR DE " MADAME BOVARY "
L'AFFAIRE X..., UN SCANDALE JUDICIAIRE
RÉVÉLATIONS, ETC.

NOTES BIOGRAPHIQUES

RÉDIGÉES ET MISES EN ORDRE

PAR ALBERT MIGNOT

Son Neveu

PARIS
E. DENTU, EDITEUR
PALAIS-ROYAL — PLACE DE VALOIS, 3

1888

PRÉFACE

Au milieu des épreuves que traverse la Magistrature française, il ne faut pas oublier ceux qui l'ont honorée, et qui, par la dignité de leur vie, ont mérité l'estime de tous.

Cédant à de pieuses instances, je vais retracer ici la carrière d'un parent regretté et montrer ce que peuvent une nature loyale, un esprit droit mis avec persévérance au service de l'intérêt public.

On verra, en outre, que la vie de M. Chevalier touchait par plus d'un point à la littérature. Il fut le camarade d'enfance et l'intime ami de Gustave Flaubert, l'immortel auteur de *Madame Bovary*, qui lui écrivait, du Collége Royal de Rouen : « J'attends de toi une longue lettre, un volume,

» que tu rempliras de toute ta verve, de toute ton
» humour, laisse aller ta plume, casse lui le bec
» et envoie un gros paquet à ton vieux. »

Quelques jours après, Flaubert écrivait : « ... Je suis d'abord (ébloui par les feux du génie) » resté dans l'admiration la plus complète de ta » description. Ça vaut vraiment les honneurs de » l'impression et du Concours académique. Que » dis-je ? La collection complète du *Colibri* (1) » pâlirait devant. » (18 Mars 1839).

Le grand écrivain était insatiable de la prose de son ami Chevalier, car, le 7 Avril suivant, il sollicitait de nouvelles lettres :

« De grâce, écris-moi encore quelque chose. » Raconte-moi quelques-unes de tes facéties » cocasses, j'adore tes traits rabelaisiens. Je te » somme de répondre d'ici à trois jours. »

M. Chevalier, paraît-il, n'avait pas cette fois *laissé aller sa plume* et ne lui avait pas *cassé le bec*, car le 15 Juillet toujours de la même année,

(1) Petit journal littéraire qui se publiait alors à Rouen et auquel Bouilhet, Le Poittevin et Flaubert lui-même donnèrent une collaboration intermittente.

Flaubert s'impatientait : « ... Pourquoi, misérable,
» m'écris-tu si brièvement ! Je te somme de me
» raconter ta dernière aventure et d'y mettre tout
» le soin possible, d'employer *toute la vigueur de
» ta plume, tout le coloris de tes pinceaux* pour me
» peindre cette scène de la nature. » (1).

Si la destinée n'avait pas jeté M. Chevalier dans l'administration et la politique, peut-être serait-il parvenu, à l'exemple de son ami Flaubert, à acquérir un nom littéraire. Je n'en veux pour preuve que l'appréciation de notre grand romancier, dont le jugement était si sûr.

Quoi qu'il en soit, M. Chevalier fut un magistrat accompli, un jurisconsulte éminent, et je ne crains pas d'ajouter que sa mémoire restera vivante dans l'Anjou, entourée de vénération et de respect.

Albert MIGNOT.

Le Havre, 20 Juin 1888.

(1) Extraits inédits.

CHAPITRE Ier

SON ENFANCE

Ernest Chevalier naquit le 14 Août 1820, à Villers-en-Vexin, arrondissement des Andelys (Eure).

Son père, Amand Chevalier, était agent général de la Compagnie d'Assurances *La Royale*, aujourd'hui *La Nationale*. Il fut, en outre, nommé receveur-économe de l'hospice des Andelys, magnifique établissement sur les bords de la Seine. Amand Chevalier était un lettré. Je me souviens qu'à l'époque où je faisais mes études classiques, cet excellent oncle m'émerveillait par de longues tirades de Virgile et d'heureuses citations d'Horace qui émaillaient sa conversation toujours intéressante et instructive.

Ernest Chevalier — qui fait l'objet de cette Notice — fut, au Collège Royal de Rouen, le condisciple de Gustave Flaubert, dont les parents étaient très liés avec la famille de mon père. Les deux jeunes écoliers ne tardèrent pas à devenir tout à fait intimes. Ils étaient d'une intelligence précoce. A neuf ans, Gustave écrivait à Ernest : « Si tu veux nous associer pour écrire, moi j'écrirai des comédies, et toi tu écriras tes rêves. » Il y eut, en effet, entre eux, une collaboration *littéraire*. Ernest composa avec Gustave une comédie en sept scènes, ayant pour titre *L'Avare*. (1) Mon père, alors avocat du Barreau de Rouen, ayant trouvé dans les pupitres des deux gamins, certaines autres élucubrations, fruits de leur précoce imagination, en fit autographier plusieurs sous le titre : *Trois pages d'un Cahier d'Ecolier ou Œuvres choisies de Gustave F...* (2)

Au mois de Décembre 1829, Gustave Flaubert, qui savait à peine former ses lettres, écrivait ceci à Ernest sur du papier tracé au crayon : « Je commençais à avoir peur de ta maladie. Si ton bon père n'était pas venu me donner des nouvelles de toi, je serais dans l'inquiétude du meilleur de mes amis. Je suis dévoré d'impatience de voir le meilleur de mes amis, celui avec lequel je serai toujours ami. Nous nous aimerons, ami, qui seras toujours dans mon cœur, oui, amis depuis la naissance jusqu'à la mort. » (3)

Le 4 Février 1831 : « Mon cher ami, je t'avais dit que je ferais des pièces, mais non, je ferai des romans que j'ai dans la tête, qui sont : *La Belle Andalouse, Le Bal Masqué, Cardenio, Dorothée, La Mauresque, Le Curieux Impertinent, Le Mari Prudent.*

(1) Voir lettres des 4 Février 1831 et 17 Janvier 1832, *Correspondance de Gustave Flaubert*, 1 vol. in-8°, édité par Charpentier, 1887.

(2) Cette pièce curieuse figure parmi les papiers de M. Chevalier, en ma possession.

(3) Inédit.

» Il y a dans mes proverbes dramatiques plusieurs pièces que nous pouvons jouer.

» Vois-tu que j'avais raison de dire que la belle explication de la fameuse constipation et l'éloge de Corneille tourneraient à la postérité, c'est à dire au postérieur. »

Le 15 Janvier 1832 : « ... Je prends des notes sur Don Quichotte et M. Mignot dit qu'elles sont très bien. On a fait imprimer mon éloge de Corneille, je crois que c'est Amédée et je t'en envoie un exemplaire. Le billard est resté isolé, je ne joue plus la comédie, car tu n'y es pas. Le Dimanche que tu es parti m'a semblé dix fois plus long que les autres.

» ... J'ai commencé une pièce qui aura pour titre : *L'Amant avare.* Il ne veut pas faire de cadeau à sa maîtresse et son ami l'attrape.

» Fais bien des compliments de ma part à ta famille, je te dirai la fin de ma pièce à une autre lettre que je t'écrirai.

» Je commencerai aussi une histoire de Henri 4, de Louis 13 et de Louis 14. Il faut que je travaille.

» Adieu, mon meilleur ami jusqu'à la mort. »

« Rouen, 31 Mars 1832.

» Si tu voulais venir à Pâques, tu serais bon enfant, et rester au moins huit jours. Tu vas dire : Et mon catéchisme ! mais tu partiras le dimanche après les vêpres, à six heures, tu seras à Rouen à onze ; tu nous quitteras avec grand regret le samedi, dans l'après-midi.

» .... J'ai fait un morceau de vers qui est aussi bien que la mort de Louis 16.

» ... Si tu savais, il y a un élève au père Langlois (1), qui est Alexis, il a manqué, l'autre jour, de tomber dans les lieux. Au moment où il mettait sa façade sur la lunette, les planches ont craqué et s'il ne s'était pas retenu il serait tombé dans les excréments du père Langlois. »

Aux vacances du mois d'Août 1833, Gustave, se trouvant à Nogent, chez son grand-père, envoyait ce billet à son camarade : « Un apprenti orfèvre m'a fait mon cachet, et un autre sur lequel il y a :

GUSTAVE FLAUBERT.
ERNEST CHEVALIER.

Amis qui jamais ne se sépareront (2) ».

« Rouen, mardi 26 Août 1834.

» Reviens, reviens, vie de ma vie, âme de mon âme. Tu me la rendras la vie si tu viens me voir, car je voudrais encore composer avec l'ami Ernest. Je voudrais le voir à mes côtés, l'entendre, lui parler ; la vacance serait du double meilleure. Et ne crois pas que j'exagère, non, du

(1) Hyacinthe Langlois, dessinateur et graveur, intime ami de la famille Flaubert.

(2) Inédit.

tout, je ne dis que la stricte vérité. Et je suis dégoûté de la vie si tu ne viens pas.

» ... Nous avons été à Trouville, j'y ai ramassé beaucoup de coquillages, j'en garde un bon nombre pour l'ami des amis. En les prenant sur la plage que venait à chaque instant mouiller chaque vague, je pensais à toi et me disais : Si Ernest était là, comme il s'amuserait !

» Comme c'est beau la mer quand une belle tempête la fait mugir ou bien quand des nuages brumeux englobent son horizon, quand elle vient se briser sur les rochers, oh ! ami ! c'est un bien beau spectacle.

» ... Je te prie, au nom de ce que tu as de plus sacré, de venir me voir ou bien de m'écrire bien souvent et des lettres bien longues. »

« Rouen, ce 28 Septembre 1834.

» Cher enfant de la littérature, je vais répondre à ta lettre, et, comme disent certains farceurs, je mets la main à la plume pour vous écrire.

» Quand viendras-tu ? Quand viendras-tu ? Voilà toujours ton éternelle question ; eh bon diable, c'est bien naturel, c'est quelquefois la mienne aussi.

» Un bon payeur ne craint pas de donner des gages, dit Sancho-Pança ; eh bien, c'est que je me trouve dans une toute autre position. Tu sais quel *cul de plomb* fait mon père, oui vraiment, car tous les jours je lui disais : Quand irons-nous aux Andelys ? Quand irons-nous aux Andelys ? C'était toujours pour le samedi prochain. Mais oui, je t'en f.... du samedi ou du dimanche. Voilà la rentrée qui r'arrive par la merde d'un Prussien, et nous n'avons pu voir ta bonne famille (1)........ »

Cependant Ernest Chevalier, après avoir été reçu bachelier ès-lettres, avait quitté le Collège pour l'Ecole de Droit, et Gustave Flaubert, plus jeune d'un an, était resté à Rouen, à sa grande désolation, car il se pliait difficilement à la discipline. « Il y a bien longtemps que nous ne nous sommes vus, écrit Gustave, nous qui nous voyions à chaque heure de la journée (2) et qui nous flanquions au nez nos idées, nos caprices, nos boutades de chaque instant ; il sera bon pour moi de converser avec ce vieux gas que je me figure souvent se voiturant dans les rues de Paris, le cigare au bec (Lundi soir, classe de Mathématiques, 15 Juillet 1839). »

Et quelque temps après : « Je songe à nos bonnes promenades aux Andelys, à tant de pipes fumées amicalement, à tant de douces causeries, de blagues, de folies, d'interminables fusées de gaieté rabelaisienne. — Cela nous fait sourire comme si l'on revoyait ses habits de petit enfant. »

(1) Inédit.

(2) Gustave Flaubert était de la classe immédiatement inférieure à celle d'Ernest Chevalier.

Je citerai encore cette lettre qui peint bien l'étroite amitié qui existait entre les deux camarades et dont l'éloignement n'avait pas relâché les liens :

« Quel bougre tu fais ! Comment, farceur, je t'attends depuis une semaine, et tu n'arrives pas ! Tu ne me réponds même pas ! — Ah ! ah ! ah ! C'est plus fort que moi. Je ne me tiens pas. Qu'on m'attache, qu'on m'enchaîne, qu'on me passe le caleçon de force, le gilet de force, la culotte de force, les bottes de force, le collier de force. Oh, je m'attendais à te voir arriver, j'apercevais ta balle, nous prenions une tasse au Café Rouennais, et personne ! personne ! Je suis un lion, un tigre, tigre d'Inde, boa constrictor ! Il faut que tu sois ici lundi et bien vite — à la place où j'écris maintenant — à fumer, à te rôtir les jambes — et à causer avec ton serviteur et ami Gustave. — *P. S.* — Madame Mignot, revenue de Forges, est tout étonnée que tu n'arrives pas. Neo s'en mord la queue d'impatience, mes pipes se dessèchent d'ennui, et mes pincettes sentent le besoin d'être maniées par tes mains pour que tu m'ennuies avec à tripoter mes tisons, et l'auteur grille d'envie de te donner une poignée de mains... — G. F. »

Un autre jour, il lui écrivait :

« Te voilà donc heureusement rétabli, cher ami. Tu as eu, à ce qu'il paraît, une suée assez considérable. Quand viendras-tu nous voir, car j'y compte. Je t'écris ceci sur mon carton dans la classe de ce bon père G. — qui disserte sur le plus grand commun diviseur d'un emmerdement sans égal. Heureusement, je me récrée à lire le sieur de Montaigne dont je suis plein ; c'est là mon homme — en littérature et en gastronomie, il est certains fruits qu'on mange à pleine bouche, dont on a le gosier rempli, et si succulents que le jus vous en reste jusqu'au cœur. — Celui-là en est un des plus exquis. »

Et cette autre lettre (1) : « Maître paresseux, es-tu rassasié de carnaval ? Es-tu dissous dans un verre de vin blanc à la mode d'une pierre précieuse que les anciens faisaient fondre dans du vinaigre, pierre précieuse oui ou non, bûche, croûte, animal, tout ce que tu voudras, écris-moi, et tu seras bien vu, bien remercié de ta peine. Je te sais bon gré de m'avoir envoyé tes cahiers de philosophie, qui me sont d'un grand secours, surtout par la physique, mais j'attends de toi une longue lettre, un volume que tu rempliras de toute ta verve, de toute ton humour, laisse aller ta plume, casse-lui le bec et envoie un gros paquet à ton vieux (2). »

Encore celles-ci : « Mon cher Ernest, le moment des vacances approche, il t'est maintenant moins sensible qu'à

(1) Inédit.

(2) Malheureusement les lettres de M. Chevalier, qui charmaient tant son ami Flaubert, ont dû être détruites par celui-ci à Croisset, près Rouen, au moment de l'arrivée des Prussiens, en 1870. C'est, du moins, ce qui paraît résulter d'une communication que m'a adressée Mme Caroline Commanville, nièce du grand romancier.

nous, pauvres bougres d'écoliers collés toute l'année à des bancs de bois ; nous allons donc nous revoir aux Andelys et fumer quelques vieilles bouffardes en blaguant dans cette bonne chambre où nous avons tant pantagruélisé, et dont les murs savent tant de choses, comme dit Michelet. »

« Rouen, 12 Juillet 1835.

» Cher ami, je mets la main à la plume (comme dit l'épicier) pour répondre ponctuellement à ta lettre (comme dit encore l'épicier).

» Pour les compositions je ne m'y tue pas, et puisque tu me parles du Collège, je te dirai que j'ai eu une dispute avec Gerbal, mon honorable pion, et que je lui ai dit que s'il continuait à m'ennuyer, j'allais lui f.... une volée et lui ensanglanter les mâchoires, expression littéraire.

».... L'histoire des ducs de Bourgogne par Barante est un chef d'œuvre d'histoire et de littérature ; le travail que tu fais est louable.

» V. Hugo fait un nouveau drame. A. Dumas idem, intitulé : *Don Juan*. Véron a quitté la direction de l'Opéra, Duponchel lui a succédé. A la Porte-St-Martin, la *Berline de l'Emigré* ; aux Français, encore un *Don Juan*, de M. Vanderbuck. »

« Rouen, 13 Septembre 1838.

» Tes réflexions sur Victor Hugo sont aussi vraies qu'elles sont peu tiennes. C'est maintenant une opinion généralement reçue dans la critique moderne, que cette antithèse du corps et de l'âme qu'expose si savamment dans toutes ses œuvres le grand auteur de *Notre-Dame*.

» . . . . Je lis toujours Rabelais et j'y ai adjoint Montaigne. Je me propose même de faire plus tard sur ces deux hommes une étude spéciale de philosophie et de littérature. C'est, selon moi, un point d'où est parti la littérature et l'esprit français. »

« Rouen, 20 Janvier 1839.

» Ta lettre était celle de l'homme vertueux, tu y parlais de l'amitié en termes aussi beaux que Seneca. Je connais ton excellent cœur et je n'avais pas besoin de cette effusion pour le savoir, pour l'apprécier ; tu es plein de générosité et bon compagnon. Sois-le toujours, on a beau dire, un cœur est une richesse qui ne se vend pas, qui ne s'achète pas, mais qui se donne,

» . . . Je fais de la physique et je crois que je passerai bien pour cette partie ; reste le grec et ces diables de mathématiques (j'en suis aux fractions et encore je ne sais guère la table de multiplication). Je te dis adieu pour préparer le *De Corona*. Lis le marquis de Sade et lis-le jusqu'à la dernière page du dernier volume, cela complétera ton cours de morale et te donnera de brillants aperçus sur la philosophie de l'histoire. . . .

» Adieu, vieux bougre. »

» Rouen, 24 Février 1839.

» Bonne et joyeuse existence que la tienne ! Tu vas vivre ainsi à Paris pendant trois ans et ce sera là, je n'en doute pas, tes plus belles années, celles qu'on regrette même quand on est devenu sobre et rusé, qu'on loge au premier, qu'on paie ses contributions, et qu'on en est venu à croire à la vertu d'une femme légitime et aux sociétés de tempérance.

» Mon existence, que j'avais rêvée si belle, si poétique, si large, si amoureuse, sera comme les autres, monotone, sensée, bête; *je ferai mon droit, je me ferai recevoir*, et puis j'irai, pour finir dignement, vivre dans une petite ville de province, comme Yvetot ou Dieppe, avec une place de substitut ou procureur du roi. Pauvre fou, qui avait rêvé la gloire, l'amour, les lauriers, les voyages, l'Orient, que sais-je? Ce que le monde a de plus beau, modestement je me l'étais donné d'avance. Mais tu n'auras comme les autres que de l'ennui pendant ta vie et une tombe après la mort et la pourriture pour l'éternité. »

« Rouen, 19 Novembre 1839.

» Cher, il est maintenant dix heures. J'ai l'avantage d'être sous le père Gors, qui fait des racines carrées ; qu'importe grecques ou carrées, c'est de pitoyable soupe. Je t'écris donc parce que j'ai à t'écrire, que c'est pour moi plaisir, passe-temps, désennuiement. Te voilà donc revenu à Paris, et moi revenu mieux que jamais au collège, où j'ai l'honneur de m'ennuyer au superlatif, et pourtant c'est là cette fameuse année de philosophie que tout le monde envie pendant dix ans et que j'ai désirée moi-même aussi ardemment qu'on désire le ministère, un peuple, un roi, un état, une constitution, une dinde, une gobe. Hélas, à mesure que l'objet de mes souhaits approche, la volupté que l'on avait entrevue dans leur accomplissement diminue, il semble que nous soyons destinés à n'attrapper que des ombres sur la muraille, mais nous n'en attrappons même pas à courir après des nuages qui s'en vont, à nous désaltérer avec de l'eau sale, à vivre avec.... assez, assez, et tout cela pour dire que je m'ennuie, un peu plus et je te remplirais de mon sujet.

» Mais que vais-je faire au sortir du Collège ? Aller à Paris tout seul, faire du droit, perdu avec des crocheteurs et et des filles de joie, et tu m'offriras, sans doute, pour me divertir, un café aux colonnades dorées ou quelque sale grisette de la Chaumière, merci. Le vice m'ennuie tout autant que la vertu.

».... Je suis le premier en philosophie. M. Mallet a rendu hommage à mes dispositions pour les idées morales. Quelle dérision ! A moi la palme de la philosophie, de la morale, du raisonnement, des bons principes. Ah ! ah ! paillasse, vous vous êtes fait un bon manteau de papier avec des grandes phrases plates sans coutures.

» Adieu, dis-moi tout ce qui te fera plaisir, surtout des blagues, car tu n'en ris pas.

» Adieu, l'heure sonne. »

« Rouen, 22 Avril 1840.

».... Ah, mon cher Ernest, je t'ai quitté avec le rire à la bouche et la folie dans le cœur, je suis maintenant triste à faire peur. Me voilà retombé dans ma vie de chaque jour, dans ma vie stérile, banale et laborieuse : quel ennui ! Il me semble qu'il y a trois ans que je t'ai quitté.... J'ai l'âme toute navrée d'une mélancolie confuse et infinie... La joie m'attriste quand elle est passée, les jours de fête ont toujours pour moi de tristes lendemains.

» Tu dois me trouver bête à faire pitié, et si tu ne me comprends pas, je me comprends hélas fort bien pour mon malheur ! Je me rappellerai toute ma vie le délicieux voyage que je viens de faire et notre promenade à la Roche à l'Ermite, celle à Port-Mort, celle au Château-Gaillard, celle d'Ecouis ! Je te remercie de m'avoir fait deux bonnes journées, toutes pleines de gaîté.... Aux vacances, nous nous reverrons sans doute à Rouen ou aux Andelys. Adieu, réponds-moi et pardonne-moi, tu t'attendais sans doute à une bonne lettre, à un écho de mon rire d'il y a quatre jours. Excuse-moi d'avoir trompé ton attente, je suis trop triste pour rire, trop ennuyé pour bien écrire ; ma douleur est bête, incolore ; c'est un orage sans éclair et avec une pluie sale. Adieu, tout à toi, tu sais comme je t'aime. » (1)

(1) Correspondance de Gustave Flaubert. — Charpentier, Editeur, Paris.

Au collège de Rouen, Ernest Chevalier fit de brillantes études. Il fut souvent couronné en Version latine, en Version grecque, en Histoire et Géographie, et cité en Excellence. D'après les archives, que, sur ma demande, M. le Proviseur a bien voulu consulter, le jeune collégien était classé parmi les six premiers de sa classe. C'était un travailleur.

Son ami Flaubert obtint aussi quelques succès. Il fut toujours le premier en Histoire. Il se distingua en Philosophie, mais fut toujours réfractaire aux Mathématiques.

Ses études terminées, Ernest Chevalier se rendit à Paris pour y faire son Droit. Gustave Flaubert alla l'y rejoindre plus tard, avec M. Coutil (des Andelys) (1), dont le père était en relations suivies avec les familles Mignot, Motte et Chevalier. Les trois amis habitaient rue de Tournon dans le même hôtel.

Ernest, malgré les *fusées de gaieté rabelaisienne* dont parle Flaubert, dans ses lettres, était très sérieux, très laborieux, animé du vif désir de parvenir. Ses camarades l'appelaient le *Gendarme* : il était sévère pour les autres et pour lui-même.

Tous ceux qui l'observèrent ne tardèrent pas à reconnaître sa supériorité : netteté des idées, fermeté de caractère, esprit philosophique.

(1) M. Coutil, après avoir terminé ses études de Droit, revint aux Andelys, où il s'occupa, avec succès, d'agriculture.

Docteur en droit à 22 ans, il se faisait remarquer parmi les mieux doués, sous le rapport intellectuel, mais sa santé était alors trop délicate, pour qu'il pût songer à embrasser une carrière aussi pénible que celle de l'avocat ; peut-être, du reste, n'eût-elle pas convenu à la nature de son esprit et à ses goûts.

Il dit donc adieu à la capitale et revint dans son pays natal, où il se fit inscrire provisoirement au tableau (23 novembre 1844), avec la pensée bien arrêtée d'entrer dans la Magistrature.

Aux Andelys, il était soigné par notre oncle, le docteur Adolphe Motte, une des plus sympathiques individualités du département de l'Eure. Quelle homme aimable, malgré ses emportements, que cet excellent docteur ! Quel cœur ! Ce qui ne l'empêchait pas d'être un praticien des plus distingués. Il fut, du reste, appelé à la vice-présidence de l'Association des Médecins du département de l'Eure, et la Croix de la Légion d'Honneur vint récompenser ses services désintéressés. C'est le 15 Juin 1851, jour de l'inauguration de la statue du Poussin, aux Andelys, que cette flatteuse distinction lui fut décernée en présence de Mgr l'Evêque d'Evreux, du Préfet de l'Eure, de tous les Députés de ce département et de douze membres de l'Institut, parmi lesquels Horace Vernet, Ingres et Léon Coignet. Cette assistance d'élite était réunie dans la grande salle de l'hôpital, et c'est là que ce brave docteur fut décoré, sur son champ de bataille, sur ce terrain où il avait prodigué des trésors de dévouement à ses malades pendant une longue suite d'années. C'était aussi la récompense de soins gratuits, donnés au dehors, soins qu'il ne refusait à personne, toujours prêt pour secourir les affligés.

Lorsqu'auront disparu tous ceux qui l'ont connu de près (et ce sera bientôt !), je ne voudrais pas qu'on pût l'oublier, voilà pourquoi j'essaie, autant qu'il est en moi, d'en allonger, d'en prolonger le souvenir. Oh ! que ne puis-je le rendre ineffaçable ?

J'en dirai autant de sa digne compagne : Madame Motte était une de ces femmes vers lesquelles on se sent irrésistiblement entraîné (1). C'était une de ces natures rares, où l'égoïsme n'a jamais trouvé place et dont la bonté active ne recule devant aucune peine pour causer quelque joie aux êtres aimés ; âme essentiellement bonne, s'oubliant sans cesse pour ne penser qu'aux siens, s'estimant amplement payée par un sourire, heureuse du bonheur des autres.

(1) Dans une de ses lettres, Gustave Flaubert, alors enfant, parlant de Madame Motte, disait : « Il me semble que je commence à avoir un beguin pour cette bonne dame..... »

CHAPITRE II

SES DÉBUTS DANS LA MAGISTRATURE

Dès le mois d'Avril de l'année suivante, le jeune Avocat quittait les Andelys pour entrer dans les rangs de la Magistrature.

Les familles Vatimesnil et Passy voulurent bien s'intéresser à ce débutant, impatient de faire son chemin : une vacance se produisit..... en Corse. On la lui offrit. M. Chevalier n'hésita pas à l'accepter, préférant se mettre au travail sur l'heure plutôt que d'attendre fiévreusement pendant de longs mois une nomination problématique.

Par décret royal, en date du 10 Avril 1845, M. Chevalier était nommé Substitut du Procureur du Roi à Calvi (Corse), et le 25 Mai suivant, il était installé.

C'est donc dans cette île célèbre, berceau de la dynastie Napoléonienne, que M. Chevalier fit ses débuts dans la carrière qu'il devait parcourir avec tant d'éclat : C'est là qu'il forma aux difficultés que rencontrait l'action judiciaire son courage et sa fermeté. C'est sur ce terrain ardu qu'il acquit ce rare esprit d'investigation qui distingue l'officier de police judiciaire.

Lorsque M. Chevalier fut nommé Substitut à Calvi, son ami Gustave Flaubert était en Italie. Voici la lettre que Flaubert lui écrivit à cette occasion :

« Milan, 13 Mai 1845.

» ..... J'imagine l'isolement dans lequel tu vas te trouver, et je tâcherai de temps à autre de te distraire un peu par quelques facéties que je t'enverrai d'au-delà de la mer. Hélas ! je ne suis plus si gai qu'autrefois. — Je deviens vieux. Ce sera plutôt à toi de m'apprendre du nouveau. Je te conseille, pour passer le temps, de travailler l'italien et l'histoire de la Corse. Je te demanderai même plus tard, quand tu seras installé, quelques renseignements que je désire. Nous ne sommes pas près de nous revoir, mon pauvre vieux. J'aurais voulu, avant de nous séparer, nous dire un adieu classique. J'entends souper tranquillement ensemble chez ce bon Auguste, avant que tu n'ailles défendre la moralité publique. C'eût été d'un bon augure. Quand est-ce que nous nous retrouverons ? Qu'arrivera-t-il d'ici-là ! Il coulera bien de l'eau sous le pont, comme on dit vulgairement. Vas-tu t'en donner des makis et du soleil ? Peut-être en auras-tu vite assez et regretteras-tu la vallée de Cléry où je t'ai fait rouler de rire. Mais le cœur humain est ainsi mosaïqué, que, revenu aux Andelys, tu regretteras la Corse. Cela est réglé. Tâche toujours dans tes jours de vide et d'embêtement, de ne pas céder au découragement. Sois toujours bel homme, jolie tenue, jolies manières, agréable en société, ferme sur les talons, jarret tendu et le petit doigt sur la couture de la culotte.

» .....Dans quatre semaines nous serons de retour à Rouen. Je reprendrai ma vie calme et uniforme entre ma pipe et mon feu, sur ma table et dans mon fauteuil. Nous passerons l'été à Croisset. »

Le mois suivant, Flaubert, de retour en France, adressait la lettre suivante au jeune magistrat :

« Croisset, 15 Juin 1845.

» Mon cher Ami,

» Te voilà donc devenu homme posé, établi, investi de fonctions honorables et chargé de défendre la morale publique. Regarde-toi immédiatement dans ta glace et dis-moi si tu n'as pas une grande envie de rire. Tant pis pour toi si tu ne l'as pas, cela prouverait que tu es déjà si encrassé dans ton métier que tu en serais devenu stupide. Exerce-le de ton mieux, ce brave métier, mais ne te prends pas au sérieux, conserve toujours l'ironie philosophique, pour l'amour de moi ne te prends pas au sérieux.

» Nouvelles : Baudry vient de se marier avec Mlle Senard. Podesta est également marié, Lengliné s'est aussi marié, Denouette s'est encore marié. Tout le monde se marie si ce n'est moi. Et toi, que j'oubliais pour le quart d'heure, mais cela t'arrivera un de ces jours quand tu seras Procureur du Roi en titre; il est de certaines fonctions où l'on est presque forcé de prendre une femme, comme il y a certaines fortunes où il serait honteux de ne pas avoir d'équipage. Allons, passons le gant blanc, tirons la bretelle, avançons-nous vers l'officier municipal, prenons une légitime..... il me tarde de te voir muni d'un Victor, d'un Adolphe, ou d'un Arthur, qu'on appellera totor, dodofe, ou tutur, qui sera habillé en artilleur, et qui récitera des fables.....

» GUSTAVE FLAUBERT. »

Je citerai également cette autre lettre :

« Rouen, 4 Juin 1846.

» Pauvre vieux, je plains ton isolement, la solitude d'affections où tu te trouves; je souhaite pour toi et pour moi que tu reviennes en France. Il faut espérer que d'ici à quelque temps on te fera cette grâce ou plutôt cette justice, car tu commences vraiment à avoir mérité de l'avancement pour l'embêtement que te donnent tes fonctions.

» N'est-ce pas qu'il faut avoir demeuré à l'étranger pour aimer son pays ? Et n'avoir plus de famille pour en sentir le prix ? J'attends avec impatience les vacances pour passer ensemble quelques bonnes heures. Ma pauvre mère te reverra avec bien du plaisir : elle te reverra avec joie, car tu es mêlé à trop de choses tendres du temps de son bonheur pour que tu ne lui sois pas cher. N'aimons-nous pas à retrouver sur les gens et même sur les meubles et les vêtements quelque chose de ceux qui les ont approchés, aimés, connus ou usés ?

» Des nouvelles de ce qui se passe ici je vais t'en donner. Achille a le logement de l'Hôtel-Dieu. Le voilà en pied et avec la plus belle position médicale de la Normandie.

» Nous autres nous vivons à Croisset, d'où je ne sors et où je travaille le plus que je peux, ce qui n'est pas beaucoup, mais un acheminement à plus.

» L'hiver nous passerons quatre mois à Rouen. Nous avons pris un logement au coin de la rue de Buffon. Notre déménagement est à peu près fini, Dieu merci ! c'est encore là une triste besogne. J'y ai une chambre assez propre avec un petit balcon pour fumer la pipe matinale.

» Veux-tu que je t'apprenne quelque chose qui va te faire pousser un oh avec plusieurs points d'exclamation ? C'est le mariage de qui ? d'un jeune homme de ta connaissance — pas de moi, rassure toi ; mais du nommé Le Poittevin avec Mlle de Maupassant. Ici tu vas te livrer à l'étonnement et à la rêverie. Les « justes noces » se feront, je crois, dans une quinzaine. Le contrat a dû être signé mardi dernier. Après le mariage on fera un voyage en Italie, et l'hiver prochain on habitera Paris. En voilà encore un de perdu pour moi et doublement, puisqu'il se marie d'abord et ensuite va vivre ailleurs.

» Comme tout s'en va ! Les feuilles repoussent aux arbres ; mais pour nous où est le mois de Mai qui nous rendra les belles fleurs enlevées et les parfums mêlés de notre jeunesse ? Es-tu comme moi ? Je me fais à moi-même l'effet d'être démesurément âgé et plus vieux qu'un obélisque. J'ai vécu énormément et il est probable que quand j'aurai soixante ans je me trouverai très jeune, c'est là ce qu'il y a d'amèrement farce.

. . . .

» GUSTAVE FLAUBERT. »

L'année suivante le 15 janvier 1847, M. Chevalier était appelé à Ajaccio.

Flaubert ne manqua pas de le féliciter de son avancement. Il le fit dans les termes suivants :

« Rouen, 23 Février 1847.

» Permettez-moi, mon cher monsieur, de vous féliciter sur le haut rang social où la bienveillance éclairée de S. Exc. le Ministre de la Justice vous appelle. J'avais su, vieux, par le canal des journaux, que tu transférais ta boule et ta blague magistrale de Calvi à Ajaccio.

» J'ai vu par ta dernière lettre que tu allais assez bien. Le ton en était assez gaillard.

» Conserve-le toujours, ce vieil aplomb moral, qui, à lui seul, vaut tout le reste et qui console de tout quand on n'a plus rien. Sois toujours gai, sois toujours aimable, et, le soir, par le clair de lune, si tu vas te promener sur la terrasse du cardinal Fesch, donne-moi à travers la Méditerranée et la France une bonne pensée, en regardant la baie et les montagnes noircies par le feuillage des makis.

» .... Voilà ce pauvre bougre de d'Arcet qui a crevé au Brésil comme un mousquet, au moment où il touchait à la fortune, où il l'avait enfin après vingt ans de chasse ; il meurt tout d'un coup dans son lit par l'explosion d'une lampe à gaz. Le même paquebot qui a apporté la nouvelle de sa mort apportait deux lettres joyeuses de lui à sa mère et à sa sœur. Comme tout se dégarnit, comme tout s'en va ! Quel dégel continu que la vie ! joies, parents, amis, tout meurt par file : bonsoir, au revoir, oui, et on ne se revoit plus.

» Il n'y a que moi qui reste, qui ne change pas de lieu, qui ne change pas d'existence ni de rang. Si tu ne revenais ici que dans dix ans et j'entends marié, décoré, considéré, Procureur du Roi et stupide, tu me retrouverais sans doute à ma table, dans la même posture, penché sur les mêmes livres, en me rôtissant les jambes dans mon fauteuil et fumant une pipe comme toujours. — Je continue mon grec, je lis Théocrite, Lucrèce, Byron, Saint-Augustin et la Bible. Voilà pour le moment les historiettes que je m'inculque dans le cerveau (1).

....

» GUSTAVE FLAUBERT. »

(1) Les originaux de toutes ces lettres et de celles qui vont suivre, sont en ma possession.

La Révolution de 1848 surprit M. Chevalier à Ajaccio.

Les agitations de la rue et même les fusillades qui furent dans cette ville la conséquence de la chute du trône de Louis-Philippe ne déconcertèrent pas le jeune Magistrat, qui fit preuve de sang-froid et de diplomatie.

L'année suivante, M. Chevalier rentrait sur le continent : un décret du Président de la République le nommait Substitut à Grenoble (26 Octobre 1849).

Puis il était appelé au poste de Substitut à Lyon, par décret daté de Biarritz 24 Août 1854.

Tels furent les débuts de M. Chevalier.

Sa nomination comme Procureur Impérial à Metz (28 Juillet 1856) lui ouvrit ensuite un plus large horizon et donna à son talent un champ plus vaste et plus digne de lui.

Il fut, à cette époque, chargé d'une importante mission dans le Duché de Luxembourg, mission qu'il remplit avec un succès complet, car, dans les papiers de mon parent, je trouve une lettre de M. Abbatucci, Garde des Sceaux, Ministre de la Justice, félicitant M. Chevalier du *zèle et de l'intelligence* avec lesquels ce Magistrat s'est acquitté de cette mission *délicate*.

A Metz, M. Chevalier eut pour Procureur Général, le Baron de Gérando, fils d'un homme presque célèbre, qui a été longtemps Conseiller d'Etat sous l'Empire, sous la Restauration et sous la Monarchie de Juillet.

CHAPITRE III

PROCUREUR IMPÉRIAL A LILLE

(1859)

Le voilà parvenu à la tête d'un des grands Parquets de France, avec l'avantage très appréciable de n'avoir pas près de soi un chef qui vous efface, Lille n'ayant pas de Cour : excellente situation pour un homme d'initiative et d'expérience. M. Chevalier sut en profiter.

Le Procureur Général de Douai, M. E. Camescasse, fit, du reste, le meilleur accueil au nouveau Procureur Impérial.

De son côté, le Préfet, M. de Vallon, lui offrit un loyal et empressé concours.

M. Chevalier réussit complètement dans la direction des deux Parquets de Metz et de Lille, où il se trouva en face des problèmes d'économie politique et d'administration que présentent les agglomérations ouvrières et les oscillations du commerce et de l'industrie. Il fut à la hauteur de sa tâche.

« Encore un pas, lui écrit le Procureur impérial de Barcelonnette, et vous aurez autour de la toque les quatre galons d'or. Je le souhaite vivement et je désire que ce soit à Aix. Pendant que vous gouvernez un arrondissement de 330,000 âmes, j'en ai à peine 18,000 dans le mien. Vous voyez, ajoute-t-il spirituellement, que si nous sommes collègues, nous le sommes bien peu. On me console en me disant que j'ai un *poste élevé*. Je crois bien, 1,173 mètres au-dessus du niveau de la mer ! »

Comme tous les magistrats de l'Empire, M. Chevalier n'était pas très tendre pour les journalistes, et maintes fois j'eus moi-même, dans nos entretiens, à batailler avec lui pour défendre mes confrères et ma profession. Son peu d'entrainement pour la Presse ne l'empêchait pas, cependant, d'être modéré, juste et équitable, lorsque des publicistes comparaissaient à la barre du Tribunal.

Ainsi, j'ai sous les yeux un numéro du *Mémorial de Lille* (25 Juin 1861) qui en fait foi.

Un procès en diffamation avait été intenté au *Mémorial*, par M. Plichon, à propos de la polémique que ce journal avait soutenue contre sa candidature au Conseil Général.

Le Tribunal de Lille, *sur les conclusions conformes* de M. Chevalier, Procureur Impérial, qui occupait lui-même le fauteuil du ministère public, débouta M. Plichon de sa demande et le condamna aux dépens.

La Presse lilloise rendit hommage au sentiment à la fois libéral et modéré avec lequel M. le Procureur Impérial s'était attaché à limiter la discussion en matière électorale, tant au point de vue du droit que sous le rapport des convenances.

Le *Mémorial de Lille* ajoutait :

« Nous ne saurions mieux louer ce Magistrat qu'en prenant avec nous-même l'engagement de suivre, dans les luttes que l'avenir nous réserve, les conseils qu'il a donnés à la Presse avec la double autorité et de ses fonctions et de son caractère. »

CHAPITRE IV

MORT DE SON PÈRE

Un coup terrible vint alors frapper M. Chevalier : son père, dont il était l'orgueil, lui fut enlevé par une attaque d'apoplexie. M. Chevalier accourut de Lille et arriva à temps pour recevoir ses derniers adieux.

Voici la lettre touchante que, dans cette triste circonstance, lui écrivit Gustave Flaubert (1).

« Mardi soir.

» Pauvre cher Ernest,

» Que te dirai-je ? Il n'y a pas de consolation pour de telles douleurs ! Pas un mot à dire devant une perte pareille. Si j'étais près de toi, je t'embrasserais en pleurant. Car moi aussi *j'ai passé par là*. Je sais ce que c'est que ces arrachements de l'âme où il semble que l'on va mourir soi-même.

---

(1) Cette lettre est complètement inédite.

Et si le temps, si l'habitude émousse la souffrance, il ne l'enlève pas. — Au contraire ! Plus tu iras et plus tu y songeras. Dans mille circonstances de ta vie, tu te rappelleras ton père, tu évoqueras son souvenir, et tu lui demanderas mentalement des conseils et des approbations. — On finit même par sentir à cela une certaine douceur grave, c'est quelque chose de religieux qui vous suit partout.

» Bien que nous nous voyons rarement, mon cher Ernest, et que nous ayons suivi dans l'existence deux routes différentes, je songe à toi, très souvent, à ton grand'père Mignot, qui me lisait Don Quichotte, à ce pauvre Amédée, etc., à tous ceux que tu as perdus, ou que nous avons perdus pour mieux dire.

» Moi qui suis l'homme des songeries, avec quelle reconnaissance je me souviens du bon temps où j'allais passer aux Andelys les vacances de Pâques. Je vois encore la bonne figure de cet homme excellent, si charmant, si bon, si gai, si spirituel et si cordial ! plus rien ! plus rien !

» Que va devenir ta mère maintenant ? C'est un lourd fardeau pour toi qu'un tel chagrin à soigner ! Donne-nous de ses nouvelles dans quelque temps. Ma mère me charge de lui dire ?... quoi ?... les mots sont insuffisants. Mais tu dois penser qu'elle la comprend et qu'elle la plaint.

» Embrasse-la bien de notre part, et crois-moi, mon pauvre ami,

» Ton vieux affectionné,

» GUSTAVE FLAUBERT. »

CHAPITRE V

NOMINATION DANS LA LÉGION D'HONNEUR

(1861)

A Lille, M. Chevalier se trouva aux prises avec des difficultés très sérieuses amenées par le libre échange et dût même tenir tête à l'émeute.

Sa courageuse conduite lui valut la Croix de la Légion d'Honneur.

Il était donc arrivé à quarante ans là où beaucoup n'atteignent pas à la fin de leur carrière.

Pourquoi, hélas ! celui dont le cœur en eût été si doucement et si légitimement réjoui n'était-il plus là pour le féliciter le premier ?

Mais d'autres surent rendre justice à son mérite.

Le Maréchal de Castellane lui adressa la flatteuse lettre qui suit :

« Quartier Général de Lyon,
» 20 Août 1861.

» J'ai appris avec grand plaisir, Monsieur le Procureur Impérial, votre nomination de Chevalier de la Légion d'Honneur. Veuillez agréer mes sincères félicitations, les faire agréer à Madame Chevalier, avec mes respectueux hommages.

» Recevez, Monsieur le Procureur Impérial, l'assurance de mon attachement et de ma considération distinguée.

« *Le Maréchal de France,*
» *Commandant du 4e Corps d'Armée,*

» Le Maréchal DE CASTELLANE. »

De son côté, Nogent-Saint-Laurent, le grand avocat, lui adressa ce billet :

« Mon cher Magistrat,

» Je vous envoie toute ma joie et mes compliments.

» Le Ministre est un homme de discernement et de goût.

» Certes, voilà une croix bien placée et qui honore tout le monde.

» Mille choses affectueuses et dévouées.

» H. NOGENT-SAINT-LAURENT. »

CHAPITRE VI

PROCUREUR IMPÉRIAL A LYON

(18 Octobre 1862)

L'année suivante, M. Chevalier était nommé Procureur Impérial de la seconde Capitale de la France (11 Octobre 1862).

Il s'y fit apprécier comme il le méritait. Il possédait, en effet, au plus haut degré, les qualités qui distinguent le Magistrat éminent. A la plus haute loyauté, au don supérieur du savoir et de l'intelligence, il joignait un esprit sagace et profond, un caractère expansif, une aménité pleine de charmes. Par un heureux mélange de modération et de fermeté, il faisait aimer et respecter la justice.

Et l'on n'ignore pas qu'à Lyon, les esprits n'ont pas le calme des populations du Nord ; les passions publiques ébranlent le sol dans les jours néfastes, et les populations gardent les souvenirs fébriles de ces mouvements ; elles agitent avec plus d'ardeur les questions brûlantes de coopération et de salaire sous les aspirations indéfinies du luxe et des jouissances.

M. Chevalier s'associa à la grande œuvre de moralisation et d'apaisement, entreprise par le gouvernement.

Dans un autre ordre d'idées, son intervention dans le fameux procès en contrefaçon de la Chartreuse, fut très remarquée.

Depuis quelques années, cette liqueur était contrefaite par d'habiles escrocs qui opéraient sur une vaste échelle. On avait imité la signature du Père Garnier avec une habileté extrême, les étiquettes apposées sur les flacons, bouteilles et bouchons indiquaient effrontément que la liqueur qu'ils renfermaient avait été fabriquée au Monastère de la Grande Chartreuse.

Il y avait dix prévenus. Des liquoristes de Grenoble, de Lyon et de Valence avaient formé une ligue contre les Religieux, pour essayer de leur arracher, par un monument de jurisprudence, le monopole de la fabrication et de la vente de cette liqueur.

Leurs prétentions furent repoussées par une sentence mémorable, qui forme aujourd'hui une jurisprudence constante.

M. Chevalier examina la question au double point de vue du droit et des faits.

Il termina son réquisitoire à peu près en ces termes :

« Messieurs, les Tribunaux sont toujours là pour secourir et protéger le commerce menacé, trompé, frustré par une concurrence déloyale.

» Mais il y a quelque chose de plus respectable encore

dans l'exercice de l'action du Ministère public, lorsque les inventeurs d'un produit, comme les Pères du Monastère de la Chartreuse-Mère, font un si généreux emploi de leurs ressources. Qui ne sait les infortunes que chaque jour ils secourent !

» Nous nous trouvions près de St-Laurent-du-Pont, à l'époque où ce bourg devenait, en septembre dernier, la proie des flammes ; le Révérend Père, ému de douleur à la vue de ce champ de désastre, s'écria : « La Grande Chartreuse souscrira pour 100,000 Fr. ! ». Et, non content de donner cette somme considérable, une armée de travailleurs déblaie, à l'heure actuelle, le terrain, et relève les murs dévorés par le feu !

» Soyez sévères, Messieurs. L'opinion publique ratifiera votre sentence. Il y a longtemps qu'elle s'émeut de cette indigne tromperie. »

Le *Courrier de Lyon* exprima le regret de ne pouvoir donner qu' « une copie pâle et décolorée de ce réquisitoire brillant et animé, qui, pendant une heure et demie, a captivé l'auditoire. »

CHAPITRE VII

MORT DE SA MÈRE

M. Chevalier vivait à Lyon heureux et honoré, quand un nouveau deuil vint le frapper dans ses plus chères affections : sa digne et sainte mère lui fut enlevée à la suite d'une très courte maladie, dont les progrès furent tellement foudroyants qu'il ne put accourir à temps pour lui fermer les yeux. Ce fut une poignante douleur pour le malheureux fils.

Mme Chevalier mère, après la mort de son mari, avait continué de résider aux Andelys, où elle jouissait d'une considération exceptionnelle.

D'une modestie que l'on rencontre rarement, même parmi les âmes vertueuses, elle faisait le bien avec une simplicité touchante. Elle s'est peinte dans les dernières instructions qu'elle a laissées à son fils (1) et dont je crois devoir publier quelques extraits :

---

(1) Ces instructions, sous pli cacheté, avaient été confiées par Mme Chevalier à Mme la Supérieure de l'Hospice des Andelys, Sœur Saint-Luc, qui est décédée l'année dernière (Novembre 1887).

« Mon bien aimé Fils,

» Je prie Dieu lorsqu'il terminera mon existence de me donner le courage et la résignation de ton pauvre père dont la vie et la fin ont été un exemple.

» Je prie Dieu aussi de m'accorder plus de temps qu'à ma pauvre mère pour que je puisse me recommander à lui, lui demander pardon de toutes mes fautes, et aussi aux personnes auxquelles j'aurais pu faire de la peine, surtout aux miens, que je remercie de toutes leurs bontés pour moi.

» Je te bénis, mon cher Ernest, toi qui as toujours été pour nous un si grand sujet de consolation et de bonheur, ainsi que ma chère Louise. J'espère que parfois vous voudrez bien prier pour moi. Je supplie Dieu qui t'a doué, mon cher enfant, de si solides et si bonnes qualités, de te donner foi et piété, car souvent je me fais un bien pénible reproche de ne point avoir été près de toi ce que j'aurais dû être dans tes jeunes années. Toi seul, mon Ernest, peux réparer ma faute, c'est ta mère qui t'en prie.

» Je voudrais qu'à la triste cérémonie beaucoup de personnes du Petit Andely soient invitées, car nous y avons été très aimés.

» Dans la distribution du pain aux pauvres, qu'on n'oublie pas ceux de Frenelle et de Villers.

» Je pense que par testament ma si bonne sœur et mon

excellent frère (1) n'ont point oublié l'entretien du monument où nous devons être tous réunis. S'il en était autrement, je voudrais bien qu'il soit désigné une somme à cet effet. Il me semble que dans cette petite chapelle il devrait être inscrit, sur n'importe quoi, les noms, âges et dates de décès.

» Je voudrais bien, si cela ne faisait pas de peine aux personnes qui survivront à mon fils chéri, qu'il soit près de nous.

» Je porte toujours une médaille de la Sainte-Vierge, je désire ne pas la quitter. Celle, mon enfant, que tu trouveras dans ce papier, conserve-là en souvenir de moi et du meilleur des pères qui l'a portée.

» . . . . . Je suis fâché de la peine que je vous fais et des ennuis que je vais vous occasionner, mais j'ose espérer que vous ne m'en voudrez pas.

» Adieu, mes chers enfants, adieu, mes bons amis, lorsque vous lirez ces tristes pages, je ne serai plus, mais, je vous en prie, ne vous faites pas trop de chagrin, pensez que j'ai peut-être le bonheur d'être près de ceux que j'ai tant aimés, et espérons que Dieu, dans sa grande bonté, daignera permettre que nous soyons un jour tous réunis : c'est là ma plus fervente prière.

» Du courage, mon si bon fils, je connais ton amitié pour

(1) Mme Motte, des Andelys, et M. Edmond Mignot, percepteur à Etrépagny.

moi et ta grande sensibilité, mais ta bonne Louise te reste, et l'un pour l'autre je vous prie de vous armer de résignation : c'est le désir de votre mère qui vous souhaite bien du bonheur.

» LUCIE CHEVALIER.

» Les Andelys, le 24 Mars 1863. »

Gustave Flaubert, qui avait connu Mme Chevalier mère et qui, par conséquent, avait été à même d'apprécier ses mérites et ses vertus, écrivit à Ernest Chevalier une lettre de condoléance dont je suis heureux de donner le texte (1) :

« Croisset, lundi.

» Mon pauvre cher Vieux,

» Que veux-tu que je te dise ! J'ai passé moi-même par là — et je sais qu'en ces désastres les prétendues consolations que l'on vous donne irritent plus qu'elles n'apaisent. Depuis dix jours je ne fais absolument que songer à toi ! — à ta pauvre mère — à tous les tiens, à tous les autres disparus ! *Nous avons tant de souvenirs communs, notre vie a été si mêlée pendant longtemps, que nos cœurs doivent encore battre à l'unisson dans certains jours.*

» Si quelque chose peut amener un peu de douceur dans ton chagrin, c'est de penser que tu as fait le bonheur et l'or-

(1) Lettre inédite.

gueil de celle qui n'est plus. Tu n'as à te reprocher envers elle ni une mauvaise action, ni un mot brutal — et sa dernière pensée (si elle a vu sa fin), a été, j'en suis sûr, une bénédiction pour toi.

» Mon pauvre cher Ernest, je t'embrasse plus tendrement que jamais, — et seul, au coin de mon feu, je converse de loin avec toi — pour pleurer ensemble !

» Adieu, mon plus vieil et meilleur ami ! tâche de t'occuper le plus possible, de t'étourdir par le travail, — c'est encore le meilleur cataplasme qu'il y ait pour les blessures de la vie !

» Mille tendresses du fond de l'âme.

» GUSTAVE FLAUBERT. »

CHAPITRE VIII

PROCUREUR GÉNÉRAL A GRENOBLE

(1865

Peu de temps après, M. Chevalier, à peine remis de la terrible secousse qu'il avait éprouvée, recevait une lettre de S. Ex. M. Baroche, Garde des Sceaux, Ministre de la Justice et des Cultes, l'informant que, sur sa proposition, l'Empereur avait bien voulu le nommer Procureur Général à Grenoble.

Le grand pas était franchi ! Le voilà donc avec la robe rouge et l'hermine, et sur un des sièges les plus enviés de l'Empire !

La lettre du Ministre était conçue dans des termes excessivement flatteurs, comme on pourra en juger.

MINISTÈRE
DE LA
JUSTICE ET DES CULTES

CABINET
DU
GARDE DES SCEAUX

« Paris, Avril 1865.

» Monsieur le Procureur Impérial,

» L'Empereur a bien voulu, par un décret rendu sur ma proposition, vous nommer Procureur Général à la Cour Impériale de Grenoble, en remplacement de M. Moisson, appelé à la première présidence de Riom.

» Je me félicite d'avoir pu désigner au choix de Sa Majesté, pour un poste aussi important, un Magistrat qui, dans les différents postes qu'il a occupés, a, autant que vous, mérité l'estime de ses chefs et la sympathie de ses collaborateurs.

» Vous continuerez à marcher dans la voie que vous avez suivie jusqu'à présent, et votre mérite aussi bien que votre dévouement à la dynastie Impériale justifieront le nouveau témoignage de confiance que l'Empereur vient de vous donner.

» Recevez, Monsieur le Procureur Impérial, l'assurance de ma considération la plus distinguée.

» J. BAROCHE. »

Les lettres de félicitations arrivèrent de toutes parts. Je citerai seulement celle du Maréchal Canrobert.

COMMANDEMENT
DU
4e CORPS D'ARMÉE

CABINET
DU
MARÉCHAL DE FRANCE

« Lyon, le 23 Avril 1865.

» Mon cher Procureur Général,

» Laissez-moi vous féliciter doublement et vous exprimer la joie que j'éprouve de votre juste élévation.

» La Maréchale joint ses compliments aux miens.

» Votre bien affectueusement dévoué.

» Maréchal CANROBERT. »

M. Chevalier fut remplacé à Lyon par M. Villedieu, dont l'installation eut lieu dans l'audience solennelle du 20 Mai 1865. Je trouve, dans les journaux de l'époque, le texte du discours de M. l'Avocat Général Gauja, dont je détache le passage suivant :

«.... Votre prédécesseur, M. Chevalier, aimait ses fonctions avec ardeur, parce qu'elles lui permettaient de faire le bien, peut-être aussi parce qu'elles n'avaient pour lui aucun secret.

» L'activité, je dirai presque la vivacité qu'il y apportait, provenait d'une rapidité de jugement surprenante : saisissant clairement et d'un coup d'œil la solution et les moyens de solution des affaires les plus difficiles, il avait l'heureuse faculté d'allier la promptitude à la réflexion.

» Toujours sûr et maître de lui, toujours égal à lui-même, il ne remettait jamais au lendemain une décision ou une mesure qu'il pouvait prendre le jour même.

» Aussi bienveillant qu'il était ferme dans la répression et sévère, au besoin, il considérait comme son plus important devoir de ne point retarder la justice due aux uns, en prolongeant les incertitudes des autres.

» Nous l'avons vu appliquer ces précieuses qualités à la mise en pratique des récentes modifications du Code pénal, et notamment de la loi du 13 Mai 1863 sur les flagrants délits.

» Pour les collaborateurs immédiats de M. Chevalier, sa direction était familièrement douce, en même temps que nette et précise.

» Nous admirions en lui, avec l'élévation des vues, une intelligence qui embrassait et dominait tous les détails.

» Dans ses rapports avec le public, il apportait une bonté efficace et résolue.

» Avait-il à redresser un grief, à donner une injonction ou un avis, à régler un différend, à éconduire une sollicitation indiscrète, à refuser une mesure impossible ou arbitraire, il savait trouver le langage qui convenait à tous.

» Le secret de sa force était dans son ardente ambition

d'inspirer à chacun le respect des droits d'autrui, la confiance dans les siens propres, et la foi en la seule omnipotence de la loi et de l'équité. »

A Grenoble, la séance d'installation de M. Chevalier comme Procureur Général fut très solennelle.

Du discours de M. Gautier, premier Avocat Général, je relève le passage suivant :

« . . . . Vous arrivez d'une ville où il faut à la fois, et à son jour, la force qui surmonte l'écueil, ou la prudence qui l'évite, l'énergie qui brise les aspérités ou la patience qui les use, la fermeté du commandement ou l'autorité de la persuasion ; dans cette grande cité, il faut unir la connaissance des hommes et l'expérience des affaires ; le caractère qu'on y montre, les facultés qu'on y applique sont soumises à une rude épreuve.

» Cette épreuve, Monsieur le Procureur Général, vous l'avez soutenue sans appréhension et sans défaillance. Vous en sortez, aujourd'hui, distingué par le chef éminent de la Magistrature, distingué par le Prince lui-même, et placé sous la pourpre et l'hermine, au sein d'une Cour souveraine, à ce haut rang que vous allez occuper. — C'est dire quels services vous ont mérité cet honneur.

» Dirai-je aussi quels sujets de satisfaction vous sont réservés dans un pays connu de vous, dans un ressort où l'action de la justice est facile parce que la justice y est recherchée et aimée de tous, parmi des populations chez lesquelles la liberté des opinions et l'indépendance des esprits n'excluent pas le respect de l'autorité, la modération des sentiments, les convenances et la sûreté des rapports, au milieu de fonctionnaires distingués à tous les degrés et montrant à leur tête la gloire militaire, les talents administratifs et les vertus religieuses.

» Un de vos prédécesseurs rapportait naguère qu'il avait vu surtout à Grenoble *combien un chef de parquet peut puiser de force dans le loyal et bienveillant appui d'une grande Compagnie* (1). Cette fortune vous attend à votre tour, Monsieur le Procureur Général ; une voix plus autorisée que la mienne pourra mieux vous le dire. Qu'il me soit permis seulement de vous assurer, au nom de tous les collaborateurs que vous allez rencontrer à vos côtés ou dans les divers parquets de votre ressort, que vous pouvez compter sur leur respectueux et loyal concours et sur le dévouement de tous à votre direction supérieure, aux devoirs de leurs charges, au culte de la justice et à l'autorité du Souverain de qui toute magistrature procède et toute justice émane. »

M. Bonafous, Premier Président de la Cour de Grenoble, prit ensuite la parole. J'emprunte à son brillant discours le passage qui a trait à M. Chevalier :

« . . . Monsieur le Procureur Général, le Chef illustre de la Justice semble vous avoir choisi entre tous pour nous

(1) M. Massot, discours d'installation comme Procureur Général Rouen.

consoler de l'éloignement de votre prédécesseur. Jamais nomination ne fut accueillie avec plus de faveur. Les préoccupations habituelles de toute une magistrature qui s'émeut de l'avènement d'un nouveau Procureur Général, le ressort, cette fois, ne les a pas connues. Vous reveniez dans une famille judiciaire dont vous aviez, jeune encore, conquis toutes les sympathies par les plus belles qualités de l'intelligence et du cœur. Vous aviez révélé, au Tribunal de Grenoble, dans des temps difficiles, les talents précoces, les aptitudes heureuses, qui, mûries rapidement par les affaires, et prenant un libre essor, lorsque vous avez eu l'initiative et la responsabilité de Chef de parquet, ont marqué, par de nouveaux succès, chaque étape de votre brillante carrière. Quelques mois vous avaient suffi, au parquet de Metz, pour donner votre mesure, lorsque vous fûtes choisi pour une mission bien délicate, celle de diriger le parquet de Lille, au moment où le traité de commerce avec l'Angleterre, jetant l'alarme au sein de nos grandes industries, semblait préparer une crise redoutable. — La paix publique ne fut pas troublée et pour prix de votre habile administration, vous fûtes appelé aux fonctions de Procureur Impérial à Lyon, qui devenaient pour vous une nouvelle et décisive épreuve. — Votre modestie devrait-elle en souffrir, M. le Procureur Général, je m'appesantirai sur les éminents services que vous avez rendus dans la seconde cité de l'Empire, où l'émeute gronda si souvent à une autre époque, où, depuis quatorze ans, le calme n'a cessé de régner, même au milieu des crises les plus graves, et au sein des souffrances les plus émouvantes. La gloire et la popularité de l'Empire ne suffisent pas pour expliquer l'immobilité et l'apaisement de ces multitudes. Il faut le dire bien haut, si l'on veut être juste, nulle part, l'Empereur n'a eu, depuis quinze ans, des serviteurs plus habiles et plus propres à leur difficile mission, que dans cette grande métropole : Deux sont morts, le maréchal énergique et redouté, l'administrateur habile, et les ouvriers de la Croix-Rousse se pressaient à ces funérailles populaires !.... Il y a là un phénomène remarquable, qui témoigne d'une œuvre bien grande, habilement et paternellement accomplie. Mais ce qu'on ne connait pas assez hors de Lyon, c'est toute la part qui en revient à la magistrature. Bien des noms mériteraient d'être prononcés avec honneur, et il en est deux que la reconnaissance publique place à côté de ceux du maréchal de Castellane et du sénateur Vaïsse, ce sont les noms des deux Magistrats supérieurs qui jettent aujourd'hui tant d'éclat sur le siége qu'ils occupent à la tête des deux premières Cours de l'Empire. — Pour avoir été un des ouvriers de la dernière heure, Monsieur le Procureur Général, votre part n'en a pas été moins remarquée. Si les grandes commotions politiques étaient passées, la tâche restait la même, toujours soucieuse et souvent menaçante. J'aime à apprendre ici à ceux qui l'ignorent, bien que l'écho de vos mérites fut venu jusqu'à nous, ce qu'il y a eu de laborieuse vigilance, de sagacité de vues, de hardiesse heureuse dans le grand art de prévenir pour n'avoir pas à réprimer, de fermeté et de mesure dans cette vaste administration du parquet de première instance de Lyon, qui touche à toutes les questions complexes et délicates de salaire et de travail et, par suite, aux grands intérêts de la paix publique. »

Ensuite, M. Chevalier, Procureur Général, s'est levé et a prononcé un remarquable discours, dont je donne plusieurs extraits :

« Monsieur le Premier Président,

» Messieurs,

» Le respect des souvenirs est une des plus nobles traditions de la magistrature. Aussi, en rentrant dans ce palais où tant d'émotions m'agitent, je retrouve la mémoire d'un événement dont je ne puis détacher ma pensée.

» En 1852, un Magistrat que vous entouriez de toute votre estime, M. Adolphe Bernard, vous revenait de Lyon en qualité de Procureur Général. Son retour était fêté comme un bonheur de famille : il prenait possession de ce siége et, à cette place, il prononçait d'une voix émue des paroles que je crois entendre encore : car j'étais là, parmi les plus jeunes Magistrats du Tribunal, m'associant à vos joies et écoutant, avec la ferme volonté de les suivre, les purs enseignements d'un homme de bien. Je ne prévoyais guère alors qu'après quelques années d'une laborieuse carrière, je serais l'un des successeurs de ce Chef de Parquet que je voyais accueilli avec tant d'affection et qui m'a donné tant de preuve de sa bienveillance.

» J'aime à me placer sous le patronage de ce souvenir. Comme M. Adolphe Bernard, je reviens au milieu de vous avec un bonheur que je n'essaie pas de dissimuler. Puissè-je, comme lui, obtenir cette sympathie générale qui encourage l'accomplissement du devoir en même temps qu'elle le récompense !

« Déjà l'on vient de m'adresser de trop flatteuses paroles: je ne les accepte que comme les généreuses manifestations d'un bon vouloir dont je comprends tout le prix ; mais si je ne mérite pas encore des éloges, je suis heureux pourtant qu'on me croie disposé à rendre des services. Le charme d'une réception qu'on me fait si gracieuse m'excite plus vivement à m'en rendre digne ; et, tout d'abord, ma pensée reconnaissante se reporte au Ministre éminent de qui je tiens le poste que je viens occuper. Le Chef de la Justice, en me désignant au choix de l'Empereur pour me ramener parmi vous, a fait naître en mon âme une gratitude dont l'expression publique est un des premiers devoirs et aussi une des plus douces obligations de ma nouvelle fonction.

» Mes relations judiciaires avec un grand nombre d'entre vous, Messieurs, datent d'assez loin pour me dispenser de vous exposer les principes généraux qui dirigeront ma conduite. Dans la magistrature, les saines idées sont connues depuis longtemps ; ce qui est essentiel, c'est de tenir énergiquement la main à la bonne et incessante pratique du devoir quotidien. Les programmes se modifient avec les circonstances dans les meilleurs esprits ; mais, ce qui ne change pas, c'est la nécessité de respecter soi-même et de faire respecter constamment par tous, ces règles d'exacte justice que nous ont légués nos devanciers. Ici, d'ailleurs, les bons exemples se présenteront en foule devant mes yeux : je m'appliquerai à tenir vivantes les excellentes traditions des Magistrats distingués qui ont honoré ce siège et je chercherai à continuer leur œuvre avec zèle et avec persévérance.

» Si les larges programmes me semblent peu efficaces, permettez-moi, au contraire, d'appeler un instant vos méditations et surtout l'attention de mes collaborateurs de parquets sur une face nouvelle et pratique des devoirs que leur imposent les institutions du pays.

» Nous vivons aujourd'hui sous l'empire du suffrage universel : c'est lui qui a créé et qui soutient, par un assentiment persévérant, l'édifice social sous lequel nous sommes si glorieusement abrités. La loi constitutionnelle donne des droits à tous, et l'une des grandeurs du gouvernement impérial, c'est la volonté qui l'anime d'établir entre les hommes cette part d'égalité qui veut que l'idée de la justice ne soit jamais outragée ou méconnue, même dans la personne du plus humble citoyen.

» Mais cette loi, comme toutes celles qui accordent des droits à une nouvelle classe d'hommes, amène immédiatement deux conséquences. Quelques-uns sont tentés d'abuser des libertés dont ils sont investis ; ceux-là doivent être saisis par la main de la justice et atteints par la répression. Cette partie ancienne de notre mission, nous la continuerons avec le calme de la force et le vif sentiment du droit violé. Tous les autres ont besoin d'être éclairés pour faire un bon usage des facultés nouvelles que leur ouvre la législation de nos temps modernes. Le soin paternel de l'instruction, de la moralisation et du bien-être des masses ouvrières est une des plus nobles tâches du gouvernement de l'Empereur : nous devons en seconder l'accomplissement dans les limites qu'autorise notre situation personnelle.

» Ainsi, sans parler de ce que tentent la législation et les décrets par l'extension de l'instruction primaire, des Sociétés de prévoyance et par cet ensemble de mesures inspirées par le véritable esprit de la charité conciliée avec la justice, il y a une part de ces mesures qui rentre dans le domaine spécial de la magistrature. La loi sur l'assistance judiciaire a été un premier pas dans la voie qui redresse les griefs de tous en ouvrant aux pauvres l'accès d'une bonne Justice. Je ne puis trop recommander à mes collaborateurs de tenir la main à la complète exécution de cette loi. Mais cette excellente mesure ne suffit plus elle-même aux besoins des masses qui travaillent et il s'agit aujourd'hui de réaliser un progrès qu'il me paraît convenable d'indiquer.

» Comme le temps et le travail sont à peu près les seuls capitaux que possèdent les classes ouvrières, les heures perdues sont pour elles des causes de privations et de souffrances. Aussi, dans les circonstances graves, les ouvriers des villes et des campagnes prennent-ils l'habitude de venir demander conseil et protection aux représentants judiciaires du Chef de l'Etat : connaissant les sentiments de l'Empereur, ils espèrent que ceux qui exercent l'autorité en son nom seront pour eux des guides sûrs et des appuis dévoués. Accueillons avec bienveillance ces nouveaux clients, éclairons-les avec bonté sur le mérite de leurs réclamations et ne dédaignons pas de sincères efforts, soit pour décourager des réclamations mal fondées, soit pour faire obtenir une prompte satisfaction aux demandes légitimes.

» Sans doute, cette intervention officieuse des parquets présente des difficultés réelles : elle exige, pour être efficace, un tact délicat et le sens pratique des affaires. Les Officiers du Ministère public ne sont ni des Avocats ni des Juges, et et je crois inutile de leur rappeler que tout ce qui doit, en définitive, donner lieu à un débat judiciaire appartient exclusivement à la magistrature assise. Il ne s'agit ici que du droit de bon conseil : mais, si les Membres des Parquets ont su gagner l'estime et la confiance des justiciables, ils rencontreront rarement des résistances obstinées et ils parviendront presque toujours à prévenir des contestations irréfléchies ou à assurer, sans procès, le triomphe d'intérêts certains et respectables.

» Je serais heureux d'avoir à enregistrer souvent de pareils résultats et disposé à tenir grand compte à ceux qui les auraient obtenus de ces victoires conquises sans bruit contre les mauvaises passions au bénéfice de l'ordre, de la justice et de la paix.

» Naguères, une voix auguste recommandait « les progrès » que l'expérience consacre et que l'opinion publique » accepte (1), » ou bien encore elle conviait les représentants du pays « à résoudre par l'amélioration morale et » matérielle de l'individu (2) le problème des sociétés modernes.

» Et nous aussi, Magistrats, nous surtout peut-être, nous devons entendre et suivre les conseils de l'impériale sagesse, nous devons nous empreindre dans la sphère de notre action, de cet esprit de générosité dont l'éloge descend de si haut, car l'amélioration des hommes n'est rien autre chose que le dernier degré de l'accomplissement de cette justice suprême qui est le but constant de nos efforts et de nos travaux.

» Il semble d'ailleurs que l'heure est venue de se préoccuper des questions sociales. L'Empire a commencé par rétablir la paix intérieure : il s'est attaché ensuite à montrer combien la France, replacée dans son vrai rang, mérite d'être respectée et honorée au dehors. Le Chef de l'Etat se complaît aujourd'hui à perfectionner la législation du pays : il recherche avec sollicitude les moyens d'augmenter la

(1 et 2) Discours de l'Empereur des 15 janvier et 16 avril 1865.

production et de rendre plus féconds les divers canaux de la richesse publique, afin que cette richesse, se répartissant entre tous les citoyens, ne laisse aucun d'eux entièrement privé des bienfaits conquis au profit de tous.

» Aussi, la France reconnaissante salue l'Empereur avec amour partout où il porte ses pas, elle lui prouve par ses acclamations enthousiastes qu'il est toujours le véritable élu du pays, elle sent chaque jour davantage que son intérêt l'invite à tenir, à resserrer le pacte d'alliance qu'elle a contracté avec une Dynastie qui préside et s'associe avec tant de succès à la grandeur de ses destinées.

» Ces sentiments de dévouement trouveront de l'écho dans le cœur des populations dauphinoises : aux jours difficiles de l'épreuve, ces belles provinces ont montré tout ce qu'il y avait en elles de sympathies pour l'Empire et, puisque vous êtes, Messieurs, l'expression la plus haute de la pensée du pays, c'est dire assez que nous nous entendrons et que l'union la plus parfaite règnera entre nous.

» Monsieur le Premier Président,

» Vous avez un rare privilège. Vous savez gagner l'affection de tous ceux qui vous approchent et leur inspirer une confiance absolue sans rien enlever à la dignité de vos fonctions. S'il est heureux d'unir ainsi aux plus belles facultés de l'intelligence les grâces de l'esprit avec le charme pénétrant du cœur, il y a quelque bonheur aussi, je le sens déjà, à vivre près de ceux que le ciel a comblés de ses meilleurs dons.

J'estime, à tout son prix, l'avantage qui m'appartiendra de travailler avec vous et de chercher, de concert avec un guide si sûr, les moyens de traiter justement les personnes et de mener à bien les choses de cet important ressort.

» Et vous, mes chers collaborateurs, ai-je besoin de vous demander votre concours ? Vous m'êtes presque tous unis par les liens d'une vieille affection et je suis certain que je ne ferai jamais un vain appel à votre dévouement. Soyez, d'ailleurs, convaincus qu'en devenant votre chef, je deviens plus encore votre ami. Une longue expérience m'a appris combien sont pénibles les séparations et je ne vous verrai pas sans regrets quitter ce parquet où je suis si heureux de vous retrouver. Mais mon affection n'est pas égoïste et ma principale préoccupation sera de voir récompenser vos bons et loyaux services.

» En même temps que je me repose avec confiance sur le concours des Magistrats, j'espère que des relations également sûres s'établiront bientôt entre le nouveau Chef du Parquet et les fonctionnaires qui, à des titres divers, représentent dans ces contrées le gouvernement de l'Empereur.

» A la tête de l'armée, je rencontre un Général qui, après avoir glorieusement combattu, a été choisi pour diriger notre école militaire. Honneur insigne, mais honneur mérité. Notre jeunesse française ne pouvait pas trouver un maître plus capable de donner, avec une grande autorité, les préceptes de l'art, l'exemple du courage et le modèle de la courtoisie.

» Je sais qu'un appui sympathique me viendra aussi de l'intelligent administrateur de ce département et du pieux pasteur de ce diocèse. La renommée, non moins que des voix amies, m'ont appris que celui-ci cherche à épurer les âmes par la science religieuse qui instruit, et par la bonté qui fait aimer ce qu'elle enseigne, comme celui-là dirige les esprits et les intérêts dans la droite voie avec la clairvoyance que donne l'expérience des hommes et des affaires.

» Je serais heureux de pouvoir prendre dans l'estime des hauts fonctionnaires de ce pays une place qui ne s'éloignât pas trop de celle qu'y occupait mon honorable prédécesseur. Quoique je sente bien qu'il y a des Magistrats auxquels on succède plutôt qu'on ne les remplace, je vous prie de me permettre de louer chez M. Moisson la noblesse des vues, la fermeté du caractère, l'élévation du talent. Bien loin de songer à faire oublier un tel Magistrat, je m'attacherai à marcher dans la voie saine et forte qu'il a marquée parmi vous.

» Elle est grande, je l'avoue, la confiance que m'inspire le bonheur de revenir dans la ville où ma jeunesse reçut un accueil si plein d'une cordiale hospitalité ; toutefois, je ne puis séparer du plaisir d'aujourd'hui le charme du souvenir affectueux qui me reporte à mes anciens collègues des tribunaux de Metz, de Lille et de Lyon : je me plais à reconnaître que leur collaboration sérieuse et dévouée entre pour une bonne part dans ma position actuelle. J'aime aussi à envoyer l'expression de ma reconnaissance aux éminents

Magistrats qui ont été mes chefs : leur bienveillance a rendu ma carrière facile : j'essayerai de montrer que j'étais digne de leur patronage en m'efforçant de suivre leurs exemples.

» Il est une autre dette de cœur que je me reprocherais de ne point acquitter tout haut devant vous, si je n'adressais pas un respectueux souvenir à l'illustre Maréchal et à l'homme d'Etat distingué qui président aux destinées de la ville de Lyon. Tous deux m'ont honoré d'assez de marques de confiance pour qu'après avoir obéi au devoir de les quitter, ma pensée reconnaissante essaie de porter jusqu'à eux la voix d'un homme qui a vu de près l'énergie de leur patriotisme et la grandeur de leurs services..... »

A cette époque, M. Chevalier reçut la lettre suivante du Maréchal Canrobert :

COMMANDEMENT
DU
4e CORPS D'ARMÉE

CABINET
DU
MARÉCHAL DE FRANCE

« Paris, le 14 Mars 1867.

» Mon cher Monsieur Chevalier,

» Je vous remercie de votre envoi et de la gracieuse lettre qui l'accompagne.

» J'étudierai votre important travail et le remettrai ensuite soit à l'Empereur, soit au Ministre de l'Intérieur ou de la Justice, *selon vos intentions.*

J'ai beaucoup causé de vous avec M. Baroche. Il est toujours dans les meilleures et les plus justes intentions à votre sujet.

» Votre affectionné,

» Maréchal CANROBERT. »

Désireux de connaître à quel « travail important » le Maréchal Canrobert faisait allusion, je ne pouvais mieux faire qu'en m'adressant à son Excellence elle-même.

Voici la réponse que j'ai reçue du Maréchal :

« Paris, le 10 Février 1888.

» Monsieur Albert Mignot,

» Directeur de l'*Arrondissement du Havre.*

» Monsieur,

» J'ai gardé le meilleur souvenir de Monsieur votre Oncle. J'aimais à me rencontrer avec lui et nous avons eu de fréquentes et intéressantes conversations.

» Quant au Mémoire dont vous me parlez, je ne saurais, *à vingt-cinq ans de distance,* en avoir gardé le souvenir exact : mais il est à présumer que je l'ai remis soit à l'Empereur, soit au Ministre compétent.

» Toutefois, le pillage de mes notes et papiers de toute nature *pendant la Commune*, me met dans l'impossibilité d'en trouver la trace.

» Recevez, Monsieur, l'assurance de mes sentiments distingués,

» Maréchal Canrobert. »

CHAPITRE IX

PROCUREUR GÉNÉRAL A ANGERS

(1867)

M. Chevalier réussit à Grenoble comme il avait réussi dans les autres Cours où il avait passé.

Toutefois, son grand désir était de se rapprocher de l'Anjou, pays de sa femme et de sa belle-mère ; c'est là que se trouvaient ses affections de famille et ses intérêts de fortune.

Les vœux de M. Chevalier ne tardèrent pas à être réalisés, car, le 25 Juillet, il recevait la lettre suivante :

MINISTÈRE
DE LA
JUSTICE ET DES CULTES

CABINET
DU
GARDE DES SCEAUX

« Paris, le 24 Juillet 1866.

» Monsieur le Procureur Général,

» Lorsque votre dépêche m'est arrivée ce matin, je savais déjà par M. Goupy le vœu que vous formiez pour Angers.

J'avais fait préparer un décret portant votre nomination à cette Cour et votre remplacement à Grenoble par M. de Gabrielli, Premier Avocat Général à Lyon.

» Je sors des Tuileries, et l'Empereur, auquel j'ai soumis votre demande, l'a admise avec la plus grande bienveillance et a signé le décret.

» Vous voilà donc Procureur Général à la Cour d'Angers. Je me félicite d'avoir pu intervenir dans une négociation qui vous était agréable et d'y avoir réussi, bien facilement d'ailleurs, grâce à la bonté de Sa Majesté, qui m'a paru être heureuse de vous donner un nouveau témoignage d'estime et de confiance.

» Soyez à Angers ce que vous avez été à Grenoble. Je ne puis rien désirer de plus.

» Recevez, Monsieur le Procureur Général, l'assurance de ma considération la plus distinguée.

» J. BAROCHE. »

M. Chevalier fut très heureux de cette nomination et voici en quels termes il écrivait à son excellent ami Truelle-Saint-Evron, pour la lui annoncer :

« ....Angers, pour moi, c'est le port, et je n'ai qu'un désir, c'est d'y trouver, avec le temps, le couronnement de ma carrière.

» Je pouvais, il est vrai, aspirer à de plus hautes destinées. On a eu la bonté de me le dire et de faire quelques objections à mes modestes sollicitations, mais j'ai insisté et le Ministre m'a fait connaître la décision de l'Empereur dans des termes qui m'ont profondément touché.

» Je n'ai jamais, mon cher ami, été ambitieux et je n'avais jamais dans mes rêves entrevu la haute situation où les circonstances m'ont conduit ; je trouve que rentrer dans son pays à 47 ans, investi des fonctions de Procureur Général avec l'espoir de la Première Présidence, c'est tout ce qu'un homme sensé peut désirer de plus beau....

» ERNEST CHEVALIER. »

On ne lira peut-être pas sans intérêt les quelques lettres suivantes qu'il reçut, parmi tant d'autres, à l'occasion de sa nomination :

COUR IMPÉRIALE
DE LYON

CABINET
DU
PREMIER PRÉSIDENT

« Lyon, le 29 Juillet 1867.

» Mon cher Procureur Général,

» Il est impossible qu'un bonheur quelconque de carrière ou autre, vous arrive sans une félicitation sincère et cordiale de moi. Je vous ai un peu boudé — et dans l'occasion vous saurez pourquoi, — mais comme on boude ceux qu'on estime et qu'on aime, l'amitié restant parfaitement sauve au fond. Voici vos vœux exaucés, puisque vous allez prendre possession de ce cher Angers, près duquel sont vos intérêts de fortune, vos affections, votre belle résidence de campagne, et où aux dépens des Grenoblois et des Lyonnais, tout vous appelle, y compris une première présidence qui viendra plus tard. Je vous félicite, mon cher Procureur Général, d'une vie de magistrature transplantée dans des conditions si heureuses et que j'apprécie plus particulièrement, du droit de l'expérience, parce que ce sont aussi les miennes. Il n'y a certainement, pour des esprits sensés et peut-être pour des cœurs bien faits, rien d'enviable au-delà de ce que, dans un pareil établissement, on trouve de dignité, de paix et de charme. Allez donc, suivi de toutes mes amitiés satisfaites, dans cet Anjou riant que vous désiriez, et je n'ai pas besoin de vous dire que je fais le même cortège à Mme Chevalier et à Mme votre belle-mère, avec un peu de regret toutefois de l'éloignement qui va se mettre entre de si aimables relations et nous.

» . . . A votre passage à Lyon, venez frapper à ma porte et requérir, suivant l'heure, déjeûner ou dîner, ou, mieux encore, tous les deux, avec bonne accolade.

» Nous causerons de votre Avocat Général, qui nous est envoyé. Vous pouvez annoncer autour de vous M. de Gabrielli comme un homme de cœur et de talent. C'est une perte véritable que fait notre Cour. Il trouvera, à Grenoble, tous les succès possibles de la franchise et de la loyauté de caractère, s'il y a à glaner après vous.

» A bientôt, tout à vous de cœur,

» A. GILARDIN. »

COUR IMPÉRIALE
DE LYON

CABINET
DU
PROCUREUR GÉNÉRAL

« Lyon, 25 Juillet 1867.

» Mon cher Ami,

» Vous nous abandonnez un peu, mais je n'en veux pas moins vous dire mes félicitations. Voilà votre petit programme réalisé ! Paris, les devoirs de la propriété, les relations de famille, tout vous appelait : il est très naturel que vous soyiez dans la joie.

» Depuis hier j'ai vraiment à mes côtés un heureux. C'est aussi un noble cœur, ouvert à tous les bons sentiments. Vous êtes dignes de vous comprendre l'un et l'autre.

. . . .

» GAULOT. »

« Mon cher Ernest,

» Je viens d'apprendre que tu es nommé Procureur Général à Angers.

» Comme je sais que tu désirais beaucoup cette résidence, je m'en réjouis — ainsi que ma mère.

» Si tu passes par Paris la semaine prochaine, tu es sûr de m'y trouver.

» Angers étant moins loin que Grenoble, nous nous verrons, je l'espère, un peu plus souvent maintenant.

» Adieu, cher vieux, je t'embrasse.

» GUSTAVE FLAUBERT.

» Croisset, dimanche. »

ÉVÊCHÉ
DE
VALENCE

« Valence, 26 Juillet 1867.

» Monsieur le Procureur Général,

» Permettez-moi de vous féliciter et de m'attrister au sujet de votre nomination.

» Je vous félicite bien sincèrement, Monsieur le Procureur Général, en vous remerciant pour les services que vous m'avez rendus avec tant de bienveillance, dans quelques circonstances douloureuses pour mon diocèse. Je vous dois une visite que je vous ai rendue pourtant par la pensée, mais que je serais heureux de vous rendre personnellement à Angers.

» Je m'attriste, Monsieur le Procureur Général, car je suis sûr que je ne trouverai pas plus de bonté dans votre successeur que vous avez daigné m'en témoigner, et que rien ne saurait m'en faire oublier le souvenir.

» Laissez mes vœux vous suivre à Angers, Monsieur le Procureur Général, et permettez-moi de bénir, avec un cœur profondément dévoué, vos destinées et celles de votre honorable famille.

» Agréez, Monsieur le Procureur Général, l'expression de mes sentiments de respect.

» † FRANÇOIS, évêque de Valence. »

Le discours d'installation fut prononcé par M. le Premier Avocat Général Lafon. Ce Magistrat esquissa, avec un grand bonheur d'expression, les titres judiciaires que possédait M. Chevalier pour diriger un parquet sur lequel M. Métivier et quelques-uns de ses honorables prédécesseurs avaient jeté l'éclat d'une parole éloquente.

J'emprunte au discours de M. le Premier Avocat Général le passage suivant :

« Monsieur le Procureur Général, votre carrière tout entière est le gage de votre administration ; elle est la garantie de votre caractère, et, au risque de paraître indiscret, je viens en révéler les phases diverses, pour fortifier dans le sein de la Cour et dans l'étendue de son ressort les légitimes espérances que, sur votre notoriété, votre promotion a déjà fait partager.

» Vous débutiez, il y a vingt-deux ans, dans un pays dont les mœurs, sous l'influence de la magistrature, sont devenues françaises ; pour vous, l'épreuve du premier degré ne devait pas être de longue durée. Moins de deux ans après, vous étiez appelé à Ajaccio.

» Le berceau de votre carrière s'est trouvé placé à côté de celui du Chef de la dynastie dont la France voit grandir le précieux rejeton avec le sentiment de son patriotisme et de son orgueil national.

» La fortune vous a souri, lorsqu'elle plaça vos services sous la direction d'un éminent Magistrat (1) ; si vous n'aviez eu que les qualités du cœur et celles de l'esprit, vous eussiez pu compter sur l'estime et sur l'affection de votre Procureur Général ; mais ce digne chef s'était donné pour mission de rechercher, pour les attirer à lui, les Magistrats qui connaissaient et aimaient le mieux le devoir ; aussi, lorsque M. Dufresne quitta le parquet de Bastia pour prendre possession de celui de Grenoble, il se souvint de son substitut d'Ajaccio. La promotion de M. Dufresne à Tou-

(1) M. Dufresne, Conseiller à la Cour de Cassation.

louse fut bientôt pour vous le sujet d'une légitime inquiétude ; mais le décret qui l'éloignait d'un ressort dans lequel vous n'étiez appelé que quelques jours après, vous portait un nom qui devait bientôt vous devenir cher : M. Massot succédait à M. Dufresne ; pour vous, il devait le remplacer.

» Votre nouveau Chef, qui a le don si précieux de connaître les hommes qui l'entourent, n'adoptait ses collaborateurs qu'à la difficile condition de les avoir distingués par leur savoir dans la pratique des affaires, par l'élévation de leur caractère, par leur dévouement et par leur tenue ; vous lui avez donné ces gages ; il ne faut pas chercher ailleurs le secret de votre promotion au Tribunal de Lyon.

» Dans ce nouveau poste, vous avez trouvé pour Chef de Parquet, un jeune Magistrat dont le courage civil eût suffi, dès ses débuts, pour honorer la carrière (1), si, d'ailleurs, dans le commerce des hommes, aussi bien que dans les travaux de l'audience, il n'eût su instruire et plaire. M. Saint-Luc Courborieu vous associa, sans réserve et avec le cœur qu'il mettait à sa tâche, à ses travaux les plus délicats, les plus impérieux, et ce Magistrat, par un généreux oubli de la perte qu'il allait faire, n'hésita pas à affirmer que l'heure était venue pour vous de diriger de grands parquets.

» Votre passage dans celui de Metz et dans celui de Lille, dégagea bientôt sa responsabilité.

(1) 4 Décembre 1851, insurrection à Auch.

» Il était dans votre destinée, Monsieur le Procureur Général, de n'avoir pas à craindre les écueils et de pouvoir rentrer avec confiance dans les résidences où la puissance des souvenirs vous rappelait.

» En 1862, vous fûtes placé à la tête du second parquet de l'Empire. A cette époque, les discordes civiles dont vous aviez eu le sombre tableau à Grenoble et à Lyon, étaient sans doute apaisées ; l'affection avait pénétré dans le cœur des classes ouvrières, et le Magistrat était moins assujetti aux incessantes et rigoureuses exigences de son ministère.

» Votre esprit put alors se recueillir, et vous recherchâtes, avec une douce prédilection, « les victoires sans bruit contre les mauvaises passions, au bénéfice de l'ordre, de la justice et de la paix publique. » (1)

» Vos efforts tentèrent la conciliation des esprits. Vous n'avez pas attendu longtemps pour en cueillir les fruits. Un instant, l'ancienne organisation des sociétés secrètes parut se relever, et, en ce jour de fiévreuse anxiété, le Procureur Impérial de Lyon se trouva des premiers sur les marches de l'Hôtel-de-Ville (2) ; il sut calmer l'agitation bien près de grandir, de devenir tumultueuse.

» C'est ainsi que vous savez joindre le précepte à l'exemple.

(1) Discours d'installation comme Procureur Général à Grenoble.

(2) *Moniteur* du 21 Novembre 1863.

» Vous étiez trop bien préparé pour l'administration d'un ressort pour que la vacance survenue dans la Cour de Grenoble n'eut pas été, pour S. Exc. M. le Garde des Sceaux, une occasion d'arrêter sur vous le choix de l'Empereur.

» Là encore, votre prise de possession fut inaugurée par la confiance et par l'estime que vous y avez conquises dans un grade moins élevé. Votre bienvenue y fut solennisée avec la grâce, l'urbanité si parfaites qui sont l'un des privilèges du Magistrat qui dirige les travaux de la Compagnie dont vous vous séparez.

» Vous y laissez des regrets, vous en emportez. »

M. le Premier Président prit ensuite la parole, et, dans un magnifique langage, souhaita la bienvenue à M. le Procureur Général Chevalier :

« L'arrivée d'un Procureur Général est toujours pour la Cour un grave évènement. A ce Magistrat appartient la direction de l'action publique, laquelle, pour être bien conduite, exige autant de prudence que de fermeté. Il partage la responsabilité des propositions pour le recrutement et l'avancement d'un nombreux personnel, tâche délicate, mais que l'on peut envisager sans effroi et accomplir aisément quand on ne s'inspire que de sa conscience.

» Dans les Sociétés fortement centralisées, toute responsabilité, en bien comme en mal, remonte inévitablement à la source du pouvoir. Ceux qui ont l'honneur et la charge des grandes fonctions ne doivent jamais oublier que, selon la manière dont ils les exercent, ils sèment autour d'eux la satisfaction ou le mécontentement, et créent pour le Gouvernement des partisans ou des adversaires. C'est parce que tout le monde comprend ici l'importance de la mission qui vous est confiée, et aussi pour les espérances que votre nomination fait naître, que vous voyez s'empresser à votre installation, Monsieur le Procureur Général, les personnages les plus considérables et les plus respectés.

» En vous adressant mes compliments de bienvenue, je n'accomplis pas seulement un acte de courtoisie envers vous. J'exprime exactement le sentiment de satisfaction avec lequel les chefs de service de toutes les administrations, la magistrature, le barreau et la population entière ont accueilli votre nomination. Vous n'êtes pas étranger au ressort, et, quoique votre laborieuse et brillante carrière se soit faite loin de l'Anjou, personne n'ignore vos excellents services. Quand on a administré avec un constant succès des parquets tels que Metz, Lille et Lyon, on n'a plus de difficultés à craindre. Quand on a laissé dans une grande Cour les regrets que vous laissez à Grenoble, on est certain de trouver partout bon accueil.

» Vous savez déjà ce que vous pouvez attendre de votre nouveau ressort. Classé parmi les premiers par sa population et sa richesse, il reste aux derniers rangs par le nombre des procès civils. Heureuse infériorité, qui honore les mœurs du pays ! Nos populations sont honnêtes, paisibles, sensées et laborieuses.

» Dans les trois départements du ressort, l'agriculture est très prospère, et elle marche rapidement à d'autres progrès ; le commerce se pratique honnêtement, sans témérité, et à l'abri des catastrophes, ailleurs trop fréquentes. L'industrie se développe, dirigée par des hommes expérimentés et intelligents, et elle a triomphé glorieusement dans les luttes de l'Exposition.

» Nulle part la justice n'est rendue avec plus d'impartialité. Nulle part le Gouvernement de l'Empereur ne trouve un appui plus loyal et plus sûr. Près de vous sont des auxiliaires instruits, laborieux, dévoués, à qui vous n'avez point à mesurer votre confiance. Plus vous leur en accorderez, plus ils vous en récompenseront par une intelligente collaboration et un déférent concours.

» La meilleure harmonie règne entre la magistrature et le barreau, où vous rencontrerez des émules dignes de vous par la science, l'éloquence et la courtoisie.

» La présence à cette solennité de tous les hauts fonctionnaires du département m'interdit des éloges qui me seraient bien faciles et bien doux. Il me suffira de dire que la justice est habituée à leur cordial appui ; qu'aucun nuage n'a jamais troublé nos rapports de tous les jours ; qu'une confiance réciproque, et je puis dire, une mutuelle affection nous unissent ; et je ne hasarde rien de trop, en vous promettant de leur part les mêmes sentiments, car vous les méritez. »

Je tiens encore à citer ce beau passage du discours de M. le Premier Président :

» Mériter le respect de tous doit être notre ambition et le but constant de notre vie. La popularité enviable et durable arrive tôt ou tard au Magistrat honnête, loyal et bon, accessible à tous, ne tenant compte dans sa vie publique ni de ses amitiés, ni de ses inimitiés, n'ayant rien à cacher de ses actes officiels, proclamant toujours la vérité, dût-elle quelques fois déplaire, marchant la tête haute et la conscience pure, cherchant plus à être aimé qu'à être craint. Cette pensée vous l'exprimiez en termes que je me plais à citer parce qu'ils vous font honneur, quand, dans votre discours d'installation à Grenoble, vous disiez : *Les programmes se modifient avec les circonstances dans les meilleurs esprits ; mais ce qui ne change pas, c'est la nécessité de se respecter soi-même.*

» C'est ainsi que nous pourrons utilement servir le Pays et le Souverain, et contribuer pour notre faible part à l'accomplissement du vœu de l'Empereur, quand, offrant à la France des libertés nouvelles, *il conviait tous les bons citoyens à marcher d'un pas assuré dans les voies de la civilisation, sans compromettre le prestige nécessaire de l'autorité.* Que ce généreux programme se réalise, et Dieu veuille que le pays ait la sagesse de l'accepter, sans l'exagérer et en abuser ! »

A ces deux remarquables discours, M. le Procureur Général Chevalier, répondit en ces termes :

« Monsieur le Premier Président,

» Messieurs,

» Depuis que des liens de famille m'ont fait Angevin par le cœur et par les intérêts, mes regards n'ont pas cessé d'être tournés vers ce ressort qui est devenu mon pays d'adoption. Mais chaque étape de ma carrière, loin de me rapprocher de vous, rendait plus difficile la réalisation de mes espérances.

» La bienveillance de M. le Garde des Sceaux, qui m'avait déjà ouvert les rangs élevés de la magistrature, a complété son œuvre et comblé tous mes vœux. Grâce à cette haute sollicitude que les préoccupations de la politique et les succès de la tribune n'empêchent pas de s'étendre sur chacun de nous, je trouve enfin dans votre compagnie le port que mes désirs appelaient depuis longtemps.

» Il m'est doux de faire parvenir au Chef vénéré de la Justice, l'expression de ma gratitude pour une promotion dont sa bonté a su doubler le prix.

» Joindre à l'activité d'une fonction que l'on aime les relations d'anciennes amitiés et l'espoir d'une vie désormais stable, c'est là, ce me semble, tout ce que peuvent envier des esprits sensés, et l'ambition a le devoir d'être et de se montrer pleinement satisfaite lorsque ces conditions de bonheur se trouvent réunies.

» Pour moi qui ne vois rien de préférable à ce qu'une pareille existence m'offre de paix et de dignité, je me livre tout entier au charme des rapports que me promet votre accueil si plein d'une encourageante sympathie.

» Et cependant, il se mêle à ce sentiment un profond regret.

» Le devoir professionnel m'a ramené à dix années d'intervalle dans les Cours de Lyon et de Grenoble, et j'ai passé dans ces deux ressorts des jours que je place à un bien haut rang dans ma vie judiciaire. Je conserve au fond de l'âme la mémoire des Chefs éminents dont le patronage ou le concours m'a élevé ou soutenu avec une confiance dont je ne puis trop vanter le prix. Je n'oublie pas davantage ces collaborateurs distingués dont le zèle s'associait avec tant d'ardeur à mes travaux. Que tous reçoivent ici l'expression de ma reconnaissance et d'une affection bien résolue à leur rester fidèle.

» Ces tristesses, je ne suis pas seul à les ressentir : mon prédécesseur les éprouve comme moi. Il est vrai qu'il s'élève sur un siège où il aura l'honneur de continuer les excellentes traditions de deux Magistrats que la Cour suprême a enlevés à la haute considération qu'ils avaient conquise parmi leurs collègues ; mais, quelque grand que soit cet honneur, il ne laisse pas moins entière l'amertume des séparations. Il restera à M. Darnis, dans sa nouvelle situation, le souvenir du bien qu'il a accompli dans ce ressort.

» En ce qui me touche, Messieurs, je ne me fais pas illusion. Vous ne trouverez pas dans mon administration l'empreinte du talent dont mes honorables prédécesseurs vous ont donné tant de preuves. Ce que je puis promettre (cette promesse je suis sûr de la tenir), c'est un profond amour du devoir, un dévouement absolu à mes fonctions, une impartialité ferme et inaltérable dans toutes les obligations morales qu'elle impose.

» Aussi je n'accepte que comme une preuve de bon vouloir les appréciations trop flatteuses que vous venez d'entendre ; mais ce bon vouloir même est un sentiment généreux, qui trouvera de l'écho dans ma reconnaissance et dans mon cœur.

» Depuis longtemps déjà, Monsieur le Premier Président, il m'a été permis, dans les épanchements de votre amitié, d'apprécier tout ce qu'il y a en vous d'intelligence élevée, de coup d'œil juste, de connaissance approfondie des hommes et des choses, et vous m'avez montré combien un caractère ferme et sûr peut rehausser les facultés de l'esprit. J'ose espérer que, dans les fonctions que je vais désormais exercer près de vous, il me sera donné de profiter entièrement de ces brillantes qualités. Je serais heureux de trouver ainsi à Angers tout ce que je perds à Grenoble.

» Et vous, Messieurs, laissez-moi vous dire que mon plus vif désir est de me mettre en complète communauté d'idées avec vous. Le passé m'a appris tout ce que le Procureur Général peut puiser de forces en cherchant à s'éclairer des lumières de la Cour, et en établissant une concorde parfaite entre les Magistrats qui jugent et ceux qui mettent en mouvement l'action de la justice.

» Il est naturel que mes collaborateurs trouvent une grande place dans cette entente que mes vœux appellent entre tous les Membres de cette Compagnie. Je sais que, pour alléger ma tâche, je puis compter sur leur savant labeur ; ils peuvent compter sur mon affection et sur mon zèle à faire reconnaître leurs services.

» Enfin, je n'ignore pas combien seront utiles et agréables les relations que je vais entretenir avec les fonctionnaires de tous ordres qui, dans ce ressort, représentent l'autorité. Animé des mêmes intentions, poursuivant les mêmes résultats, aucun désaccord ne peut s'élever entre nous.

» Pour obtenir le concours que je sollicite, je devrais peut-être exposer les principes que j'essayerai de prendre pour bases de l'administration qui m'est confiée ; mais, en cette matière, les règles absolues se trouvent trop souvent modifiées par les circonstances pour qu'il n'y ait pas quelque témérité à tracer un programme que les faits viendraient sans doute bientôt démentir.

» Je veux seulement insister sur deux idées qui me paraissent présenter des caractères spéciaux d'actualité.

» La justice est un besoin général pour les populations ; elle leur apprend le vrai et le bien. Il importe donc qu'à tous les degrés de la hiérarchie judiciaire, les procès soient sainement et promptement jugés, que les délits et les crimes soient poursuivis avec célérité et avec fermeté. A cette grande œuvre de la justice, chaque Magistrat doit son temps, ses pensées, ses études, ses préoccupations de chaque jour.

C'est là le travail tel que l'entendaient et le pratiquaient les Magistrats qui nous ont précédés. Mais, dans un pays où règne le suffrage universel, la justice comporte d'autres nécessités : il faut qu'elle se mette à la portée de tous. Ceux qui sont dépourvus des biens de la fortune ou dépourvus d'instruction doivent pouvoir eux-mêmes se rendre compte que leurs droits ont été vérifiés, reconnus et proclamés avec sollicitude.

» Je recommande à mes collaborateurs d'être accessibles à tous, surtout aux humbles et aux petits et d'éclairer sur leurs intérêts et leurs devoirs ces hommes que peuvent égarer des passions ardentes ou une ignorance aveugle.

» Je ne connais pas pour les populations de meilleur moyen d'apaisement et de moralisation et pour les Magistrats de voie plus sûre de mériter la reconnaissance des justiciables et la bienveillance de leurs chefs.

» Des obligations d'un autre ordre vont bientôt surgir de l'exécution des lois libérales dues à l'initiative du Chef de l'Etat. Sa Majesté l'Empereur, avec cette sagesse haute, énergique et sereine qui, depuis près de vingt ans donne à la France la sécurité dans la grandeur, abandonne successivement et spontanément quelques-uns des pouvoirs que le pays, terrifié par les agitations démagogiques, lui avait jadis confiés. Que les partis hostiles cherchent à abuser des armes que la générosité du Souverain met entre leurs mains, il ne faut ni s'en étonner, ni s'en préoccuper outre mesure. Qu'ils réussissent même à égarer quelques hommes de bonne foi ; il y a tout lieu de le supposer : les esprits généreux dépassent souvent la limite du juste, mais les masses, qui comprennent leurs véritables intérêts, ne se laisseront pas séduire par de trompeuses illusions. Le passé les a instruites et elles ne veulent pas compromettre l'avenir. Elles se souviennent avec reconnaissance que les biens dont elles sont déjà en possession, leur viennent du Souverain qu'elles ont acclamé trois fois. Elles savent que c'est lui qui, outre le droit de suffrage maintenu à tous, cherche à développer l'instruction par l'extension donnée à l'enseignement primaire et professionnel, que c'est lui qui s'efforce de moraliser le peuple par les encouragements donnés aux sociétés de secours mutuels, enfin qu'il veut assurer le bien-être des classes ouvrières par les facilités ouvertes à la création des associations coopératives.

» Ces faits, dont on ne peut nier l'importance, ils guident et éclairent les majorités. Voyez les derniers comices qui viennent de s'ouvrir, n'ont-ils pas donné une preuve nouvelle de la confiance et du dévouement que le Pays conserve au Gouvernement de l'Empereur et ne pouvons-nous pas, devançant la consécration de l'histoire, proclamer que la France devra à l'Empereur non-seulement sa prospérité, mais encore la stabilité de ses institutions.

» Ces institutions, qui seules peuvent nous donner l'ordre et la liberté, la magistrature mettra sa gloire à les défendre : ferme et dévouée, elle ne laissera pas amoindrir le respect des lois et de la dynastie impériale. »

CHAPITRE X

OFFICIER DE LA LÉGION D'HONNEUR

Je n'ai pas besoin d'ajouter que M. Chevalier occupa dignement le siège de Procureur Général d'Angers. Il fit preuve de qualité d'administrateur consommé. Il se consacrait particulièrement à cette partie de ces fonctions. Ses rapports et sa correspondance officielle étaient des plus rem arquables.

Le 13 Août 1868, le Gouvernement récompensa cet éminent Magistrat en lui conférant la rosette d'Officier de la Légion d'Honneur.

Voici le texte de la lettre ministérielle l'avisant de cette haute distinction :

MINISTÈRE
DE LA
JUSTICE ET DES CULTES

« Paris, le 13 Août 1868.

» Monsieur le Procureur Général,

» Je m'empresse de vous informer que, sur ma proposition, l'Empereur vous a promu au grade d'Officier de son Ordre Impérial de la Légion d'Honneur.

» J'ai été heureux de pouvoir solliciter de Sa Majesté cette preuve de l'estime que vos bons services inspirent au Gouvernement.

» Recevez, Monsieur le Procureur Général, l'assurance de ma considération très distinguée.

» *Le Garde des Sceaux,*
Ministre de la Justice et des Cultes,

» J. BAROCHE. »

Ce fut, bien entendu, une avalanche de lettres de félicitations. Quelques-unes méritent d'être citées. Je reproduis d'abord celle de M. Nogent Saint-Laurent :

« 15 Août.

» Bravo, mon cher Procureur Général, je vous félicite de celle-ci, et je vous en désire une autre qu'un Magistrat de votre valeur sait toujours atteindre.

» Haute estime. Affectueux dévouement.

» H. NOGENT-SAINT-LAURENT. »

Et celle-ci, signée de son beau-frère, M. Millevoye, alors Procureur Général à Rouen :

» Mon cher Ernest,

» Mes plus vives félicitations. Je m'attendais à trouver votre nom au *Moniteur* parmi ceux des nouveaux Officiers de la Légion d'Honneur.

» Pour être prévue, cette distinction n'en fait pas moins grand plaisir quand on la reçoit.

» Je suis sûr que Louise et Madame Leclerc y auront été encore plus sensibles que nous. J'ai toujours remarqué que les femmes attachent aux décorations plus de prix que nous ne leur en accordons nous-mêmes.

» Je vous serre affectueusement la main,

» A. MILLEVOYE. »

Je reproduirai encore la lettre que voici :

« Rocroi, 16 Août 1868.

» Monsieur le Procureur Général,

» Je suis heureux de la nouvelle distinction que vous apporte le 15 Août, et j'ai la pensée de vous appliquer la parole du poëte :

Grand Roi, cesse de vaincre, ou je cesse d'écrire.

» J'aime mieux cependant obéir à mon cœur et vous féliciter sincèrement, ainsi que votre gracieux entourage, auquel je renouvelle, comme à vous, l'hommage de mon respectueux attachement.

» J. ORBAN. »

CHAPITRE XI

L'AFFAIRE X......

M. Chevalier apportait dans ses fonctions la volonté ferme et impartiale de découvrir la vérité : qualité si nécessaire sur le fauteuil du Ministère public.

Il se montrait aussi inquiet de la justification de l'innocent que de la conviction du coupable.

Magistrat indépendant, soucieux de la dignité professionnelle, il n'était pas plus accessible aux démarches intéressées ayant pour but de soustraire un coupable à la rigueur des lois qu'il ne se courbait devant des injonctions illégales et contraires à l'honneur, *celles-ci dussent-elles venir même du Ministère de la Justice !*

J'en citerai un exemple qui mettra en lumière le vif sentiment de devoir dont était pénétré M. Chevalier, et qui, en même temps, démontrera qu'aucun régime politique n'est malheureusement exempt des défaillances morales de certains de ses gouvernants.

Pour des raisons dont on reconnaîtra la légitimité, je ne donnerai ici, ni les noms des personnages en cause, ni même la date des faits que je mentionne.

Un Officier ministériel, M. X..., s'était rendu coupable de faits excessivement graves qui avaient amené son arrestation, en attendant sa comparution devant la Cour d'Assises.

L'instruction de l'affaire se poursuivait lorsqu'un jour M. Chevalier vit entrer dans son cabinet une jeune dame, fort élégante, d'une beauté séduisante, et dont la toilette, aux parfums troublants, révélait un art exquis.

Notre Procureur Général, après avoir reçu la visiteuse avec toute la déférence que doit à une femme tout homme bien né, la pria de lui exposer l'objet de sa démarche.

C'était — on l'a déjà deviné — une visite intéressée : la femme de l'officier ministériel incarcéré venait solliciter l'élargissement de son mari.

M. Chevalier, naturellement, s'appuyant sur la loi, expliqua que les Juges, saisis de l'affaire, se trouvaient en présence de faits notoires dont la criminalité n'était pas contestable, qu'il n'était pas en son pouvoir d'arrêter l'action publique, et que, par conséquent, sa demande ne pouvait être agréée.

La solliciteuse ne se laissa pas rebuter par cette fin de non-recevoir. Elle lutta encore, puis voyant ses charmes impuissants à vaincre les scrupules du Magistrat, elle se retira.

M. Chevalier, sans avoir jamais eu la prétention de poser pour un puritain, avait constamment pratiqué la fière devise bretonne : *Potiùs mori quàm fœdari*. L'intégrité du Magistrat était un de ses plus grands soucis.

Mais Mme X... ne se tint pas pour battue. Elle n'hésita pas à frapper à la porte même du Ministère de la Justice, et parvint à obtenir une audience d'un des principaux fonctionnaires qui, lui, ne resta pas insensible aux séductions de la jolie et tenace solliciteuse.

L'entrevue fut des plus tendres, et le dénouement des plus anacréontiques.

Mme X..., en se retirant, pouvait compter sur un puissant et chaleureux protecteur !

On en jugera par l'édifiante correspondance qui suit :

MINISTÈRE
DE LA
JUSTICE ET DES CULTES
—
SECRÉTARIAT GÉNÉRAL
—
PERSONNEL
—

« Paris, le 30 Avril ....

» Monsieur le Procureur Général,

» Vous m'avez fait connaître, par votre dépêche du 29 Avril, que le sieur X... a été renvoyé par ordonnance du Juge d'Instruction, en date du 24 Avril, devant la Chambre des mises en accusation.

» On m'assure qu'une demande en liberté provisoire sous caution sera introduite devant la Chambre des mises en accusation, avant l'arrêt de renvoi. Si la caution était offerte et qu'elle fût suffisante, *vous pourriez examiner favorablement cette demande.*

» La mise en liberté provisoire du sieur X... lui permettrait, dit-on, de trouver les fonds nécessaires pour satisfaire ses créanciers.

» Agréez, Monsieur le Procureur Général, l'assurance de ma considération très distinguée.

» Le Garde des Sceaux,
Ministre de la Justice et des Cultes.

» Par autorisation :

» Le Conseiller d'Etat, Secrétaire général,

» . . . . »

Pour qui sait lire entre les lignes, cette lettre ministérielle était, pour le Magistrat auquel elle était adressée, une véritable mise en demeure.

On remarquera d'abord cette phrase :

« *On m'assure,* etc. » M. le Ministre, ou plutôt M. le Conseiller d'Etat signataire de cette lettre, était donc bien au courant des intentions du sieur X...

« . . . . *Vous pourriez examiner favorablement cette demande.* » L'expression est jolie. Il est clair que le Magistrat auquel s'appliquait cette autorisation, s'il n'eût été arrêté par le sentiment de son honnêteté, n'avait qu'à s'empresser d'*examiner favorablement*.

Puis, le haut personnage du Ministère de la Justice, comme s'il avait eu peur de n'avoir pas suffisamment indiqué le fond de sa pensée, prenait soin de faire remarquer, pour dissiper toute hésitation, tout scrupule chez son subordonné, que la mise en liberté du sieur X... *lui permettrait de trouver les fonds nécessaires*, etc.

Indigné d'une telle intervention dans ses devoirs de Magistrat, et d'autant plus irrité de cette pression qu'il n'ignorait pas l'origine inavouable de la tendresse officielle à l'égard d'un homme qui ne méritait à aucun titre une pareille sollicitude, M. Chevalier, n'écoutant que la voix de sa conscience, pour toute réponse, donna des ordres pour que la justice suivît son cours.

Quelques jours après, l'arrêt de renvoi était rendu.

Puis, le sieur X... comparaissait devant la Cour d'Assises et s'entendait condamner à dix ans de travaux forcés.

Mais le haut personnage du Ministère de la Justice n'abandonna pas son intéressant protégé.

Je transcris la lettre qu'il adressa à M. Chevalier :

MINISTÈRE
DE LA
JUSTICE ET DES CULTES
—
CABINET
DU CONSEILLER D'ÉTAT
—
SECRÉTAIRE GÉNÉRAL
—

« Paris, le 22 Juin ....

» Monsieur le Procureur Général,

» M. X..., condamné par la Cour d'assises d....., a formé une demande à l'effet d'être autorisé à subir sa peine à Sainte-Pélagie.

» Cette demande, accompagnée d'un certificat du Syndic de la faillite, attestant l'utilité de la présence à Paris de M. X... pour les nécessités de la liquidation, a été transmise, avec avis favorable, à M. le Ministre de l'Intérieur, par M. le Préfet de Police.

» *Je serais heureux que l'examen de cette situation vous permît de donner un avis favorable à M. le Ministre de l'Intérieur lorsqu'il vous consultera.*

» Agréez, Monsieur le Procureur Général, l'assurance de ma haute considération.

» *Le Conseiller d'Etat, Secrétaire général,*

» . . . . »

Cette fois, M. le Conseiller d'Etat ne se donne plus la peine de couvrir de périphrases hypocrites ses coupables désirs. Il déclare carrément qu'IL SERAIT HEUREUX *que l'examen de la situation permît à M. le Procureur Général Chevalier de donner un avis favorable.*

La réponse de M. le Procureur Général Chevalier fut certainement ce qu'elle devait être ; je n'en possède pas le texte, mais je puis avancer, sans crainte, qu'elle fut digne de son caractère et de son passé.

Le 4 Août suivant, M. Chevalier recevait du Ministre de la Justice un télégramme chiffré :

MINISTÈRE DE L'INTÉRIEUR

—

DIRECTION GÉNÉRALE
DES
LIGNES TÉLÉGRAPHIQUES

—

BUREAU D.....

—

N° 1129

—

Expédiée le 4 Août ....
à 3 h. 45 soir

—

DÉPÊCHE TÉLÉGRAPHIQUE

—

« Paris, 4 Août ...
2 h. 40 soir

» Le Ministre de la Justice,

» A Monsieur le Procureur Général

»...

» *Chiffre spécial*

» 5030 de 3467 la 5472 1512 0232 du 5357 1024 2456 5732 3889 1024 1019 2349 la 1134 1036 3476 5283 3982 5787 4386 1037.

» Vu :

» *Le Directeur des transmissions,*

» .... »

Je suis arrivé à déchiffrer cette dépêche, dont voici le sens :

« Prière de hâter la réponse au sujet du recours des sept jurés dans l'affaire X... »

La réponse ne dut pas satisfaire le Conseiller d'Etat.

Toutefois, le 11 Août, M. Chevalier recevait l'avis officiel que *grâce entière* était accordée au condamné X... !

Je n'essaierai pas de peindre l'indignation de l'intègre Magistrat en apprenant ce scandaleux dénouement.

Aussi sa conscience révoltée éprouva-t-elle un certain soulagement lorsqu'il reçut la lettre éloquente dont voici le texte :

MINISTÈRE
DE LA
JUSTICE ET DES CULTES

—

CABINET
DU DIRECTEUR
DES
AFFAIRES CRIMINELLES
ET DES GRACES

—

« Paris, le 13 Août ....

» Monsieur et cher Procureur général,

» Vous devez avoir reçu notification de la *grâce entière* du sieur X...

» Il y va de ma dignité de protester que cette mesure

injustifiable a été prise *contre ma volonté, sans ma participation*, et que j'entends en laisser *la responsabilité* à qui de droit.

» Je m'émeus rarement de ce que je vois passer, mais ici je tiens à ce que vous, du moins, sachiez *que je me lave les mains de cet acte.*

» Puissions-nous en voir rarement de pareils !

» Recevez l'assurance de mes sentiments affectueux et dévoués.

» *Le Directeur*
des Affaires criminelles et des Grâces,

» . . . . »

Je livre à l'appréciation du lecteur les faits que je viens d'exposer. Ils sont trop à l'honneur de M. Chevalier pour qu'il soit besoin d'insister.

CHAPITRE XII

MODÉRATION DE M. CHEVALIER

Magistrat de l'Empire, il n'était pas excessif dans la défense du régime. Avant tout, Magistrat, il n'admettait pas le zèle exagéré pouvant compromettre la dignité de la robe.

C'est ainsi qu'à l'époque du dernier Plébiscite, il fut obligé de calmer les juvéniles ardeurs d'un Magistrat de son ressort, M. M..., qui depuis !...

M. Chevalier le manda près de lui et l'invita à être plus modéré dans sa propagande.

Quelques semaines plus tard, l'ouragan de 1870 emportait tout : Empire, Provinces, Armées, mais M. M..., lui, ne fut pas emporté : *Impavidum ferient ruinæ*. M. M..., voyant la République s'installer, s'improvisa républicain, et, grâce à la protection de son beau-frère, M. A. T..., ne tarda pas à troquer ses modestes fonctions de C.... contre celles d'Avocat Général à Rennes.

M. M... occupe aujourd'hui un des plus hauts postes de la Magistrature en province.

Il n'avait pas toujours été non plus impérialiste. Il avait débuté par être légitimiste. Plus papiste que le Pape et plus royaliste que le Roi, il se faisait appeler, « des Poussineaux des Cars ». C'est pourquoi ses collègues, fiers du vrai privilège de leur taille, le qualifiaient : « Quart de Poussineau ».

CHAPITRE XIII

RÉVOLUTION DU 4 SEPTEMBRE 1870

SA DÉMISSION DE PROCUREUR GÉNÉRAL

C'est ici que se place la plus douloureuse phase de la vie de M. Chevalier. Sa brillante carrière judiciaire fut à jamais brisée par la Révolution du 4 Septembre 1870.

Les documents authentiques que je publie ci-dessous feront la lumière sur la retraite du digne Magistrat :

CABINET DU PRÉFET
DE
MAINE-ET-LOIRE

« Angers, 6 Septembre 1870.

» A Monsieur le Procureur Général Chevalier :

» M. Allain-Targé recevra M. le Procureur Général Chevalier à l'heure où il se présentera à la Préfecture cette après-midi. »

« 6 Septembre 1870.
» 4 h. après midi.

» Monsieur le préfet,

» J'ai eu l'honneur de vous exposer les raisons qui me semblaient rendre nécessaire mon remplacement immédiat : elles vous ont paru graves et vous avez bien voulu me promettre de les faire connaître au Gouvernement.

» En attendant sa décision, je suis déterminé à remettre le service à M. le Premier Avocat Général et à me rendre à Chalonnes.

» Notre première entrevue, Monsieur le Préfet, m'a laissé une trop bonne impression pour que je ne regarde pas comme un devoir de vous prévenir de mes intentions.

» Recevez, etc.

» E. CHEVALIER. »

Réponse du Préfet :

CABINET DU PRÉFET
DE
MAINE-ET-LOIRE

« Angers, 6 Septembre 1870.

» Monsieur le Procureur général,

» Je reçois à l'instant la lettre par laquelle vous me faites connaître officiellement votre résolution de résigner immédiatement vos fonctions entre les mains de M. le Premier Avocat Général.

» J'honore les scrupules de votre dignité et je transmets à M. le Ministre de la Justice le résumé de la conversation que vous m'avez fait l'honneur d'avoir avec moi. M. le Ministre sera donc mis à même de statuer.

» En attendant, Monsieur le Procureur Général, je vous demande de rester à votre poste et de conserver la direction de l'action publique dans votre ressort, provisoirement. Il importe que le Gouvernement, qui est devant l'ennemi, ne paraisse désorganisé ni incomplet dans aucun de ses rouages.

» Agréez, Monsieur le Procureur Général, l'assurance de mes sentiments de haute considération.

» *Le Préfet,*

» ALLAIN-TARGÉ. »

« Angers, 7 Septembre 1870.

» Monsieur le Préfet,

» Je viens de recevoir la lettre que vous m'avez fait l'honneur de m'écrire.

» Au milieu des graves évènements que nous traversons, tout citoyen doit son concours à la chose publique : soyez convaincu, puisque vous le jugez utile, que le mien ne vous fera pas défaut.

» J'attendrai donc à Angers la nomination de mon successeur.

» Agréez, etc.

» E. CHEVALIER. »

« 8 Septembre 1870.
» 6 heures, soir.

» Monsieur Guitton, Avocat,

» Le *Journal officiel* de ce matin m'a appris que vous étiez nommé en mon remplacement. J'ai, vous le comprenez, grande hâte de cesser mes fonctions. Je vous serai donc obligé de me faire connaître quand il vous conviendra de prendre le service.

» Recevez, etc.

» E. CHEVALIER. »

« 10 Septembre 1870.

» Monsieur le Garde des Sceaux,

» Il vous a sans doute été rendu compte des circonstances qui, jusqu'à présent, ont empêché M. Guitton de prendre possession du Parquet de la Cour d'appel d'Angers.

» Pour que le service de la Justice ne fut pas interrompu, j'ai dû continuer à expédier les affaires. C'est ce qui explique comment m'a été remise votre dépêche télégraphique demandant des propositions pour le remplacement de divers Magistrats démissionnaires.

» Je ne puis, vous le comprenez, Monsieur le Garde des Sceaux, répondre à votre désir : mais je m'empresserai de remettre votre dépêche à mon successeur dès qu'il sera entré en fonctions.

» Veuillez, etc.

» E. CHEVALIER. »

Est-il besoin d'ajouter que la retraite de M. Chevalier fut universellement regrettée ?

De tous côtés, cet éminent Magistrat reçut des témoignages de respectueuse sympathie :

Le Procureur Impérial de Segré : « Monsieur le Procureur Général, je viens d'apprendre, par les journaux, que M. Guitton aîné prend votre place. Je vous en félicite bien sincèrement. J'espère que j'aurai aussi bientôt l'honneur d'être révoqué... »

De Grenoble : « J'apprends l'acte du Gouvernement qui enlève au Parquet d'Angers son chef énergique et digne entre tous. Pas n'est besoin de vous dire avec quel sentiment j'accueille une semblable mesure qui témoigne suffisamment que le respect des droits acquis, pas plus que l'appréciation impartiale et exacte du mérite et du caractère, ne semble plus devoir être la règle des nominations... J'étais en train d'écrire à Ernest Picard, mon ex-camarade de collège, dont j'avais appris la nomination comme Membre du Gouvernement. Je ne lui dissimule pas la douloureuse impression que je viens d'éprouver... »

De Lyon : « Je tiens à vous envoyer mon étreinte cordiale et profondément attristée, mon dévouement, mon respect, ce qui reste de moi... »

Un vieux républicain lui écrit : « J'ai été surpris et bien affligé en apprenant votre remplacement. J'avais toujours pensé que tous les Gouvernements devaient respecter la Magistrature, qui est en dehors de la Politique, je vois que je me suis trompé. Mais cette mesure ne sera que passagère : il est impossible qu'on ne la répare pas... »

Le Président du Tribunal civil de première instance de Cholet s'exprime ainsi :

» Monsieur le Procureur Général (vous le serez toujours pour moi),

» Retenu à Cholet par l'obligation de siéger aujourd'hui et demain, je ne puis me rendre auprès de vous pour vous exprimer de vive voix le chagrin que me cause votre retraite. C'est une amère émotion qui s'ajoute à celles des tristes jours que nous traversons.

» Je vous dois tout ce que je suis, Monsieur le Procureur Général. Ma reconnaissance est la mesure de mes regrets et de mes vœux. Mes vœux !... Ah ! vous m'avez appris que la Justice, momentanément voilée, a le dernier mot des choses de ce monde. La Magistrature, je l'espère, ne sera pas définitivement séparée de ceux qui l'ont le plus honorée, et je compterai au nombre des plus heureux jours de ma vie celui où j'apprendrai que, reprenant vos insignes, il vous est donné de vous dévouer encore au bien des autres. Dieu veuille que ce soit dans notre pays d'Anjou !

» Veuillez agréer, avec l'expression de cette bien vive espérance, celle du profond respect avec lequel j'ai l'honneur d'être et serai toujours, Monsieur le Procureur Général, votre très humble et obéissant serviteur. »

Voici ce qu'écrivait le Président du Tribunal de Segré : « Un décret peut briser les liens hiérarchiques qui vous unissent à notre ressort, mais ce qu'on ne saurait vous enlever, c'est notre estime, notre affection ; ce qu'on ne saurait empêcher, c'est l'amertume d'une séparation, qui, quelque éphémère qu'elle soit, n'en est pas moins douloureuse. »

Citons encore cette lettre, datée du Mans :

» Monsieur le Procureur Général,

» J'ai chargé M. Gautherin et M. Gain de vous exprimer mes regrets et mon admiration. Ma détermination était prise depuis longtemps, et j'ai envoyé ma démission. Un instant j'ai voulu rester, croyant que l'appel qui était fait à toutes les bonnes volontés était sérieux ; mais j'ai bien vite reconnu que les hommes du 4 Septembre ne cherchaient qu'à faire leur affaire, à s'emparer des places, et se souciaient fort peu de la Patrie.

» ... Je rentre dans la vie privée : souvent le souvenir de mes courtes années de Magistrature se représentera à moi, et je me rappellerai toujours l'accueil que vous avez bien voulu me faire, et l'appui que vous me promettiez.

» Veuillez, etc.

» E. DE LA NOUE. »

Je n'en finirais pas s'il me fallait reproduire toutes les protestations indignées, mais

Qui ne sut se borner ne sut jamais écrire.

Je me conforme donc au précepte du sage Boileau et arrête ici l'énumération des lettres si flatteuses et si réconfortantes que reçut dans ces pénibles conjonctures l'éminent Procureur Général d'Angers.

CHAPITRE XIV

CONSEILLER MUNICIPAL & CONSEILLER GÉNÉRAL

Ernest Chevalier, après être arrivé au sommet de la hiérarchie judiciaire, à quarante-sept ans, descendit dignement du pouvoir. Il fut même le seul de tous les Procureurs Généraux qui ne voulut pas demander au Gouvernement la liquidation de sa retraite ; il se retira aux environs d'Angers, à Chalonnes-sur-Loire, dans une propriété de sa belle-mère, Mme Leclerc-Thoüin.

Serviable et accessible à tous, il ne tarda pas à jouir, dans son pays d'adoption, d'une légitime influence qui lui permit de reconquérir, dans l'ordre administratif, ce qu'il avait perdu ou plutôt sacrifié dans l'ordre judiciaire.

D'abord, le 30 Avril 1871, il fut élu Conseiller Municipal de Chalonnes-sur-Loire.

Puis, quelques mois après son entrée dans le Conseil Municipal, il se présente aux élections du Conseil Général pour le canton de Chalonnes.

Deux autres concurrents briguaient le même siège, laissé vacant par la mort de M. de Las Cases.

Voici le résultat par communes :

	M. CHEVALIER	M. DROUARD	M. GAGNOISEAU
Chalonnes.......	861	400	26
Chaudefonds	254	32	19
Rochefort.......	200	175	149
Saint-Aubin.....	177	140	30
Denée..........	7	15	336
	1.499	762	560

M. Chevalier fut élu dès le premier tour. Ce succès électoral dut flatter son amour-propre, mais il ne compensait pas les cruelles douleurs qu'éprouvait alors son cœur de patriote en présence des horreurs de la guerre et des désastres de la Patrie.

Le 18 Mars 1871, il écrivait à son ami Truelle :

« L'armistice a arrêté les Prussiens à vingt kilomètres d'Angers. Mais si nous n'avons pas souffert dans nos intérêts, quelle douleur nous avons éprouvée en voyant notre Pays si profondément avili. Il faut avoir été près du théâtre de la guerre pour se faire une idée de l'incurie de l'intendance et de l'indiscipline des soldats. Ce n'était pas une armée que nous opposions à l'ennemi, mais un ramassis d'hommes qu'aucun lien n'animait et que des actes isolés de courage ne pouvaient pas sauver d'un désastre complet. C'est à navrer le cœur pour toute la vie que d'avoir assisté à ce qu'on a appelé la retraite du Mans.

» Enfin, nous voici, pour le moment, débarrassés de ces angoisses nationales. Dieu veuille qu'une main ferme rétablisse l'ordre dans nos Finances, dans notre Administration et dans notre Armée, et que nous puissions bientôt prendre une glorieuse revanche ! »

Le 30 du même mois : « ...Mais peut-on se réjouir de quelque chose en ce moment où les catastrophes se succèdent avec une telle rapidité que l'on peut craindre, pour un avenir prochain, l'effondrement de notre Pays.

» Avec quelle joie les Prussiens, qui sont près de vous, doivent assister à nos dissensions civiles, et qui sait si leur Empereur n'en profitera pas pour nous dépouiller encore de quelques Provinces. En présence des actes de l'Internationale, il n'y aurait rien de surprenant que l'Europe entière demandât à nos oppresseurs d'écraser dans son foyer cette tentative de révolution sociale.

« Triste Pays que le nôtre, où tout le monde aurait dû s'unir pour faire cesser sans retard la honte et les ruines de l'occupation. Mais ce n'est pas ainsi que l'entendent vos Parisiens : à force de tout critiquer, l'esprit national a disparu chez eux aussi bien que le sens moral, et l'on ne peut prévoir jusqu'à quel degré d'abaissement ils vont nous entraîner.

» Pour moi, si j'étais maître de ma vie, je serais déjà où le devoir nous appelle tous. Si vous saviez quelles journées je viens de passer et combien de fois j'ai été sur le point de quitter ma pauvre femme. Mais quelles seraient les conséquences d'une nouvelle crise que mon départ ne manquerait pas d'amener ?...

Le 18 Octobre 1871, il écrivait : « Mes Concitoyens m'ont, en effet, jugé digne de les représenter au Conseil Général de Maine-et-Loire, et je leur en suis d'autant plus reconnaissant que, dans un Canton composé de cinq Communes seulement, je comptais deux Maires pour adversaires. Je puis ajouter que le Gouvernement des candidatures officielles est tombé, mais les traditions électorales sont restées les mêmes pour l'Administration.

» Heureusement que les classes inférieures de la société ont prouvé une fois de plus qu'elles ne font pas, comme la bourgeoisie, une vertu de l'ingratitude.

» Depuis bien des années, j'avais tenté de faire le bien autour de moi sans arrière-pensée politique, car, vous le savez, j'étais de ceux qui déclaraient que les Fonctionnaires publics, surtout les Magistrats, devaient se tenir à l'écart des luttes électorales. Les événements politiques m'ayant rendu ma liberté, j'ai recueilli ce que j'avais semé, et je puis dire avec orgueil que je dois uniquement mes succès aux sympathies populaires.

» Cette manifestation publique des sentiments de mes Concitoyens me console des désillusions que j'ai éprouvées depuis que je suis descendu de mon siège de Magistrat. Aussi suis-je bien décidé à ne plus rentrer dans la vie officielle où l'on ne trouve guère que des intrigants et des solliciteurs.

» Mes jours se passent heureux et calmes à Chalonnes : j'ai plus de travail qu'il n'en faut pour m'occuper, et j'espère y rétablir complètement la santé de ma femme si rudement éprouvée depuis quelques années. »

Le 7 Juin 1872 : « Pendant que vous admiriez les merveilles de l'Italie, j'employais mon temps à doter mon pays d'adoption de 470 kilomètres de chemins de fer départementaux. Le Conseil Général m'avait mis au nombre des trois Membres auxquels il avait délégué ses pouvoirs pour cette importante affaire, et nous avons eu la satisfaction de la mener à bonne fin.

» Avec mes fonctions ordinaires, je vous assure que mes loisirs sont rares. Je ne m'en plains pas d'ailleurs. Lorsqu'on agit, on ne pense pas, et les pensées sont bien tristes lorsqu'on voit l'abîme où l'on pousse notre malheureuse France.

» ...Pour moi, j'ai toujours un vif désir d'aller revoir ce bon pays du Vexin où se sont passées les premières et les meilleures années de ma vie.

» ... J'ai appris avec bonheur toutes vos joies de famille. Comme vous le dites, elles ne font pas oublier les chagrins du passé, mais elles réjouissent l'heure présente et permettent de compter sur l'avenir. Je vous envie ces consolations, moi qui mourrai sans les avoir éprouvées... »

Le 11 Juin 1873 : « Je me trouve trop bien de la liberté dont je jouis depuis quelques années pour reprendre la chaîne dorée des fonctions publiques. Je ne suis même plus décidé à me laisser porter à la Députation, dans le cas où mes concitoyens persisteraient jusqu'aux élections dans les intentions qu'ils m'ont manifestées.

» Comme vous le dites, j'ai largement payé ma dette au Pays. Il est peut-être sage de laisser la voie ouverte à de plus capables ou à de plus ambitieux. »

La candidature législative lui fut, en effet, offerte de plusieurs côtés, et il résista énergiquement à toutes les sollicitations. A M. de Rouvres, il répondit : « ...Je ne me sens aucun goût pour la vie politique, et j'éprouve un insurmontable dégoût pour les luttes électorales. Ce n'est donc pas moi qui combattrai le bon combat dans la circonscription d'Angers : je me bornerai, simple volontaire, à apporter mon concours le plus dévoué à celui de nos amis qui se décidera à tenir notre drapeau. »

Hélas ! plus tard... fâcheusement pour son repos et sa santé, il devait se lancer dans la mêlée...

Le 4 Novembre 1877, il se représenta au Conseil Général. Cette fois, aucun candidat n'osa tenter la lutte contre lui. Il fut réélu par 2,611 voix.

(Aux élections du mois d'Août 1883, il fut renommé —

encore sans concurrent — par la quasi unanimité des votants.

Dès son entrée au Conseil Général, M. Chevalier avait pris une place importante dans cette Assemblée, qui comprait cependant les plus grands noms de France et les individualités les plus marquantes dans le monde des affaires.

Doué d'un esprit droit, d'un jugement sûr, d'une perspicacité rare, il avait su, dès le début, se faire écouter.

Il surveillait les moindres incidents qui pouvaient engager les finances départementales.

Ses adversaires eux-mêmes rendirent hommage à son talent élevé, qui puisait son inspiration dans le sentiment du devoir et de la justice.

L'inaction lui pesait et il regardait comme perdu le temps qu'il n'employait pas à accomplir une œuvre utile ou à rendre quelque service à son Pays.

Il passait presque toute l'année à Chalonnes, au milieu des excellentes populations de l'Anjou.

Il estimait que la propriété impose de nombreux et impérieux devoirs, et que les hommes qui la possèdent ne sauraient rester étrangers à tout ce qui peut assurer la prospérité de l'Agriculture. « C'est là, me disait-il, que la France puise sa richesse, c'est là aussi qu'elle trouve sa dignité, sa force et sa grandeur. »

C'est grâce à ses actives démarches et à ses habiles négociations auprès de la Préfecture et du Ministère des Travaux Publics que fut obtenue la suppression du péage des ponts suspendus de Chalonnes. Ce péage était excessivement onéreux pour les commerçants et les habitants des îles de la Loire, ainsi que des Communes situées sur la rive droite. Aussi, lorsque parvint la dépêche de M. Chevalier, annonçant la bonne nouvelle, ce fut dans la contrée une explosion de joie indescriptible.

C'est aussi à M. Chevalier que l'on doit la construction de la levée de la Grande-Ouche, qui, partant du pont de Cordé, aboutit au village des Aereaux, et préserve des inondations une grande étendue de pays.

Il apporta un soin tout particulier aux chemins vicinaux, qu'il mit en parfait état de viabilité.

Il créa, en outre, un Syndicat pour les travaux destinés à protéger la partie basse de l'île de Chalonnes.

Les Écoles furent l'objet de sa constante sollicitude.

Il défendit avec ardeur et toujours avec succès les intérêts de l'Asile et de l'Hospice.

Quoique disposant de ressources limitées, il parvint à réédifier le Presbytère, à restaurer les Écoles et à terminer le bâtiment de la Mairie, qui était resté inachevé depuis quelques années.

Le 15 Février 1878, M. Chevalier écrivait à son ami Truelle Saint-Evron : « Les évènements ont fait de moi, malgré mes intentions, un homme politique, et vous savez que lorsqu'on est pris dans l'engrenage des affaires politiques, on n'est plus maître de sa vie.

« Après avoir donné le plus ferme appui à la candidature

de mon ami, M. de Soland, député de notre Circonscription, j'ai été réélu Conseiller Général à une énorme majorité (2,611 voix sur 2,758 votants). Mais la lutte était si vivement engagée que j'ai dû me décider à rentrer au Conseil Municipal de Chalonnes, pour appuyer la candidature de mes partisans qu'on voulait en exclure.

» *Ma liste* (il faut bien que je l'appelle ainsi, puisque c'est moi qui l'ai faite) est passée toute entière avec trois cents voix de majorité. Élu en tête de la liste, et l'ancienne Administration (non encore remplacée) se trouvant réduite à un Adjoint (mon ami), je me vois forcé de donner tout mon concours à cet excellent homme pour l'expédition des affaires. Vous jugez d'ici la situation et vous expliquez mon silence. »

En 1884, M. Chevalier fut nommé Maire de Chalonnes.

Depuis longtemps, du reste, c'était lui qui, en réalité, gérait les intérêts de cette ville.

Il était devenu une sorte de père de famille, étendant sur tous ses administrés une bienveillance égale, et confondant dans une même sollicitude les républicains et les conservateurs.

CHAPITRE XV

MORT DE SA FEMME

En 1880, M. Chevalier fut éprouvé par un cruel événement : sa femme, dont la santé était chancelante depuis quelques années, lui fut enlevée après une douloureuse maladie.

Douée des plus hautes qualités de l'esprit et du cœur, d'une rare distinction, à la physionomie noble et douce tout à la fois, Mme Chevalier était une vraie grande dame dans toute l'acception du mot. Quand elle entrait dans un salon, elle faisait sensation.

M. Chevalier l'avait épousée à Paris, en 1851, alors qu'il était Substitut à Grenoble. Elle était la fille cadette de M. Oscar Leclerc-Thoüin, agronome émérite, naturaliste au Jardin des Plantes, Membre du Conseil supérieur d'Agriculture, Vice-Président de la Société Royale d'Horticulture de Paris, titulaire de la Chaire d'Agriculture au Conservatoire des Arts et Métiers, Conseiller Général de Maine-et-Loire, Membre d'un grand nombre de Sociétés Savantes, Chevalier de la Légion d'Honneur, etc. M. Leclerc-Thoüin était le représentant d'une famille dont le nom sera toujours cher et respecté dans le monde scientifique. Il était, en effet, le neveu du savant André Thoüin, Jardinier en chef du Jardin du Roi, qui fut Membre de l'Institut, Député à l'Assemblée Nationale, l'ami de Buffon, de Turgot, de Lavoisier, de Malesherbes, de Bernardin de Saint-Pierre, du statuaire Houdon et en relations suivies avec toutes les autres illustrations de l'Europe.

Par son mariage avec Mlle Louise Leclerc-Thoüin, M. Chevalier fut beau-frère de M. Alfred Millevoye (1), Magistrat des plus éminents, qui, lui aussi, parcourut avec éclat les diverses étapes de la carrière judiciaire, et devint Procureur Général à Rouen, puis Premier Président de la Cour de Lyon, Commandeur de la Légion d'Honneur, etc.

(1) M. Alfred Millevoye est le fils du célèbre auteur de la *Chute des Feuilles*. Il s'est retiré à Sadroc (Corrèze), dans une de ses propriétés.

CHAPITRE XVI

L'INCIDENT FREPPEL

Avant de poursuivre cette notice biographique, je dois, dans l'intérêt de la vérité, enregistrer ici un incident qui fut amené par la question des Lettres d'obédience, devant le Conseil Général. M. Chevalier, s'étant prononcé pour la suppression, avait entraîné avec lui un certain nombre de membres de la Droite du Conseil : de telle sorte que l'Assemblée départementale de Maine-et-Loire, à une voix seulement de majorité, avait émis un vœu dans ce sens.

Immédiatement, le très éminent, mais très fougueux évêque d'Angers, Mgr Freppel, écrivit à M. Chevalier la lettre suivante :

Évêché d'Angers — « Angers, 9 Novembre 1871.

» Monsieur,

» J'apprends que, dans la séance du 8 courant, vous vous êtes permis de dire que les lettres d'obédience, dont vous ne paraissez, du reste, avoir qu'une notion fort imparfaite, sont délivrées « par je ne sais qui ».

» Ce « je ne sais qui », Monsieur, ce sont les Supérieurs nommés par l'Évêque, tous prêtres des plus respectables, et dont vous n'êtes pas en droit de suspecter la science ni l'honorabilité. Les marques de désapprobation qui ont accueilli cette étrange incartade, ont dû vous prouver qu'elle était peu du goût de vos collègues.

» Quant à moi, je me tiens pour personnellement offensé par l'inconvenance de votre langage, indigne d'un homme qui a occupé un poste élevé dans la Magistrature.

» On m'avait bien dit, dès mon entrée dans le Diocèse, et les personnes qui vous connaissent n'ont cessé de me le répéter, qu'au fond vous étiez un ennemi de la religion, du clergé et des congrégations religieuses. Je ne me rends jamais à ces sortes d'imputations que devant l'évidence. Mais, par votre attitude dans la séance d'hier, vous avez malheureusement prouvé qu'on ne m'avait pas trompé. Je le regrette pour vous et pour la cause de l'ordre que vous auriez pu servir.

» Agréez, Monsieur, l'assurance de ma considération distinguée.

» † CH. ÉMILE, évêque d'Angers. »

A cette lettre, écrite *ab irato*, M. Chevalier répondit de la façon suivante :

« Chalonnes, 12 Novembre 1871.

» Monseigneur,

» Je ne puis mieux vous prouver mes sentiments de chrétien qu'en ne vous suivant pas dans l'étrange voie où vous vous êtes engagé.

» Je compte sur le temps pour vous faire reconnaître votre erreur et vous inspirer des regrets.

» Je finis, comme vous, Monseigneur, en vous priant d'agréer l'assurance de ma considération distinguée.

» E. CHEVALIER. »

En même temps, M. Chevalier adressait la lettre suivante à M. de Civrac, alors Président du Conseil Général de Maine-et-Loire :

« Monsieur le Président,

» Je viens de recevoir de Mgr l'Évêque d'Angers, en ma qualité de Conseiller Général, une lettre dont j'ai l'honneur de vous transmettre copie sous ce pli.

» Je ne vous cache pas, Monsieur le Président, que je suis profondément froissé par cette leçon que je ne reconnais pas à l'Évêque le droit de me donner, surtout dans les termes dont il s'est servi.

» On se fait facilement illusion à soi-même : mais j'avais, il me semble, donné assez de preuves de mon esprit de conciliation, pour que je ne dusse pas m'attendre à de semblables attaques.

» Je me plais à espérer, Monsieur le Président, que vous les regretterez comme moi. Je tiens en tous cas à vous dire qu'elles ne changeront rien à mes sentiments et que vous me trouverez toujours près de vous lorsqu'il s'agira de défendre la cause de l'ordre.

» E. CHEVALIER. »

Voici la réponse de M. le Président du Conseil Général :

« Beaupréau, 14 Novembre 1871.

» Mon cher collègue,

» C'est avec peine, vous le savez, que j'ai vu soulever la question des Lettres d'obédience, c'est avec peine que je vois la polémique qu'elle devait naturellement entrainer.

» Dans l'ardeur de la discussion, vous avez prononcé une parole malheureuse, qui a trahi votre pensée et que votre haute raison désavoue certainement ; les réclamations qui se sont élevées ont rendu mon intervention inutile, et la phrase à laquelle je fais allusion ne figurant pas au procès-verbal, perdait par là même l'importance qu'autrement elle aurait pu avoir.

» Je regrette que, recueillie et rapportée à Mgr l'Évêque, elle ait donné lieu à la lettre qu'il vous a écrite, et dont, je le comprends, vous avez dû être froissé et affligé.

» La meilleure et la plus belle *vengeance* que vous puissiez en tirer, mon cher collègue, c'est de prouver à Mgr l'Evêque que ses jugements sont trop rigoureux, qu'il vous a mal jugé, c'est de continuer de combattre avec nous pour la cause de l'ordre, comme vous me le dites, et comme vous l'avez fait pendant le cours de la session du Conseil Général.

» Personne n'a pu apprécier plus que moi l'esprit de conciliation qui vous animait et les services désintéressés que vous nous avez rendus dans plusieurs circonstances importantes.

» Veuillez en agréer l'assurance, mon cher collègue, et croire à mes sentiments bien cordialement dévoués.

» Cte DURFORT DE CIVRAC. »

CHAPITRE XVII

M. CHEVALIER & Mme COMMANVILLE

A PROPOS DE LA CORRESPONDANCE DE GUSTAVE FLAUBERT

J'ai dit — aù début de cet ouvrage — l'intimité qui existait entre Gustave Flaubert et Ernest Chevalier.

Il n'est donc pas étonnant que les héritiers du grand romancier, désireux de réunir sa Correspondance, se soient adressés au vieil ami d'enfance.

Je pense qu'on ne lira pas sans intérêt les lettres échangées à ce sujet entre Mme Caroline Commanville, nièce de Flaubert, et M. Ernest Chevalier, avant la publication du curieux volume édité par Charpentier, qui, lors de son apparition, fit tant de bruit dans le monde littéraire.

Voici ces lettres :

« Paris, 28 Novembre 1884.
» 91, rue Lauriston.

» Monsieur,

» Je m'occupe en ce moment de réunir la correspondance de mon cher grand-oncle Gustave Flaubert.

» Parmi ses amis de jeunesse, votre nom m'apparaît en premier et il me semble que vous devez posséder de lui des lettres.

» Si vous les avez conservées, me rendriez-vous l'aimable service de me les communiquer en m'autorisant à en prendre copie ?

» Il va sans dire que rien ne sera publié sans vous avoir été soumis.

» Permettez-moi, Monsieur, de vous demander des nouvelles de Mme Chevalier. J'espère que sa santé est meilleure que lorsque nous nous rencontrâmes à Luchon.

» Rappelez-moi, je vous prie, à son souvenir et recevez, Monsieur, avec les respects de mon mari, l'assurance de ma considération très distinguée.

» CAROLINE COMMANVILLE. »

« Villa Heva, 3 Décembre 1884.

» Chère Madame,

» Je reçois au Havre, où je suis venu passer quelques jours, votre lettre du 28 novembre.

» Vous avez raison de penser que, pendant de longues années, j'ai entretenu avec votre cher grand-oncle une active correspondance.

» Malheureusement (vous devez déjà l'avoir appris) mon ami poussait souvent trop loin l'esprit gaulois et j'ai dû, il y a bientôt vingt ans, distraire une partie de ses lettres.

» Il m'en reste cependant encore un assez grand nombre, je les relirai à mon retour en Anjou et j'aurai soin de vous communiquer ce qui sera digne de lui et de vous.

» Je ne suis point surpris, chère Madame, que vous ayez conservé bon souvenir de mon excellente femme. Aucune des personnes qui l'ont connue n'a oublié sa grâce et sa bonté, mais depuis son séjour à Luchon, sa santé ne s'est pas rétablie, et j'ai eu la douleur de la perdre il y a quatre ans.

» Veuillez, je vous prie, chère Madame, recevoir pour vous et pour M. Commanville, l'assurance des sentiments les meilleurs et les plus dévoués du plus ancien ami de votre famille.

» E. CHEVALIER. »

« Paris, 6 Décembre 1884.

» Cher Monsieur,

» Je ne saurais laisser sans y répondre de suite l'aimable lettre que vous m'écrivez.

» Elle renferme une nouvelle qui est loin de me laisser

insensible. La douce figure de Mme Chevalier était restée dans mon souvenir entourée d'une auréole de respect et de grâce. C'était une première impression d'enfance aux Andelys, et les rares occasions où j'eus le plaisir de rencontrer votre pauvre femme, ne l'avaient pas altérée ; aussi veuillez croire à ma profonde sympathie.

» Merci du bon accueil que vous faites à ma demande. Je vous serai obligée de m'envoyer, dès que vous le pourrez, les lettres que vous jugerez bon de me communiquer, car je prépare le volume dans lequel elles devront paraître et me trouve un peu pressée. Il va sans dire que je vous les retournerai dès que j'en aurai pris copie (1). Mon mari me charge de vous présenter ses hommages et ses souvenirs.

» Permettez-moi, cher Monsieur, d'y joindre l'assurance de mes meilleurs sentiments.

» CAROLINE COMMANVILLE.

« Paris, 20 janvier 1885.

» Cher Monsieur,

» C'est encore moi qui viens vous ennuyer au sujet des lettres que vous avez bien voulu me promettre.

» Le temps presse, car je suis en train de préparer un volume qui s'étendra de l'année 1840 à 1850, et je pense que

(1) Par suite du décès de M. Chevalier, les autographes dont il est ici question sont devenus ma propriété.

vous devez avoir des documents de cette époque, peut-être même antérieurs.

» Vous m'obligerez donc infiniment, cher Monsieur, en étant assez aimable pour ne pas mettre de retard dans les recherches que vous avez à faire.

» Veuillez recevoir les meilleurs souvenirs de mon mari et l'assurance de mes sentiments dévoués et distingués.

» CAROLINE COMMANVILLE. »

« Chalonnes-sur-Loire, 3 Février 1885.

» Chère Madame,

» Je vous adresse par le courrier de ce jour (papiers d'affaires recommandés), *cent dix-neuf lettres* qui m'ont été écrites par mon vieil ami Gustave Flaubert.

» Sa correspondance, à partir de son départ pour l'Orient jusqu'en 1870, formait un second paquet que j'ai vainement cherché ces jours derniers. J'espère que de nouvelles recherches auront un meilleur résultat.

. . . .

» Je vous prie de me renvoyer les lettres de mon cher et illustre ami, dès qu'elles ne vous seront plus nécessaires et de me communiquer les épreuves des parties qui devront être publiées.

» Croyez, chère Madame, à ma vieille et respectueuse affection.

» ERNEST CHEVALIER. »

« Paris, 6 Février 1885.

» Cher Monsieur,

» J'ai reçu votre bonne lettre et l'envoi qu'elle m'annonçait.

» Le temps m'a manqué hier pour lire en entier cette longue correspondance échangée entre vous et mon cher oncle ; pourtant, je l'ai assez parcourue pour me rendre compte de l'intérêt que peuvent avoir certaines lettres.

» Merci d'avoir bien voulu me les confier, je vous en reparlerai longuement, et rien ne sera publié sans vous avoir été préalablement soumis.

» Je vous demanderai de m'envoyer tout ce que vous aurez concernant le voyage d'Orient le plus tôt possible, car le choix que j'ai à faire devra porter sur cette période.

» Je pense faire aller mon premier volume jusqu'à la publication de *Madame Bovary*.

» Les éditeurs me pressent ; c'est pourquoi je me permets de vous presser aussi.

. . . . . Mon mari vous envoie l'assurance de son respect, auquel je joins celle de mes sentiments distingués et dévoués.

» Caroline Commanville. »

« Royat, 24 Juillet 1885.

» Cher Monsieur,

» Vous devez être surpris de n'avoir pas entendu parler de la publication projetée à laquelle vous m'avez si aimablement donné votre concours.

» La raison en est que le volume ne paraîtra qu'en Octobre prochain.

» Peut-être sera-t-il suivi d'un second dans le courant de l'hiver. Les deux livres contiendront des lettres adressées à vous.

» Vous avez dû recevoir ces jours-ci, ou vous allez la recevoir incessamment, la précieuse collection d'autographes de mon pauvre oncle. Mon mari s'est chargé de vous la retourner.

» . . . . . Je ferai précéder la correspondance de mon oncle de quelques pages de souvenirs personnels ; il est question de vous comme de son plus vieil ami, et aussi du « brave père Mignot », comme mon oncle l'appelait toujours, se souvenant de lui les larmes aux yeux. C'était votre grand-oncle, n'est-ce pas ?

» . . . . . Recevez l'assurance de ma considération la plus distinguée jointe à mon affectueux respect.

» Caroline Commanville. »

« Chalonnes, 9 Septembre 1886.

» Chère Madame,

« J'ai vainement cherché à me faire restituer le paquet de lettres qui m'a été certainement soustrait.

» Je le regrette profondément, parce qu'ainsi a disparu tout ce qui avait trait au vieux garçon et au voyage d'Egypte.

» Le caractère de mon vieil ami, son imagination auraient paru sous un aspect qui ne se trouvait — du moins, je le crois — que dans cette partie de sa correspondance.

» Pour tenter de remplir ce vide, j'ai cherché de nouveau dans tous mes papiers : j'y ai trouvé les huit lettres que je vous envoie sous ce pli.

» Aurai-je le plaisir de vous voir cet hiver à Paris ? Je le désire, mais rien n'est moins certain. Ma santé est toujours bien délabrée, et je crains bien d'être obligé de passer quelques mois dans le Midi.

» Avec mes meilleurs souvenirs pour M. Commanville, je vous prie, chère Madame, d'agréer les hommages respectueux du plus vieil ami de votre famille.

» E. CHEVALIER. »

« St-Guay-Portrieux (Côtes-du-Nord),
13 Septembre 1886.

» Cher Monsieur,

» Nous sommes depuis la fin de juin enfouis dans un petit village de la côte bretonne.

» Votre lettre, contenant celles de mon cher grand oncle, est venue m'y trouver.

» Merci de n'avoir point oublié de me faire ce petit envoi. Comme vous, je regrette vivement que vous ne possédiez plus le paquet de lettres dont vous m'avez parlé.

» Il est fort probable que je ferai paraître un volume de Correspondance dans le courant de l'hiver prochain, et j'aurai grand plaisir à vous en offrir un exemplaire.

» Je souhaite pouvoir vous le remettre de la main à la main, car alors vous seriez à Paris, et cela serait la preuve d'une amélioration dans votre santé.

» Adieu, cher Monsieur et vieil ami, au revoir j'espère plus tôt que vous ne le croyez, et vôtre en tout dévouement.

» CAROLINE COMMANVILLE. »

Le volume dont il est question dans l'échange de lettres

qu'on vient de lire, parut chez Charpentier, le 10 Avril 1887, sous le titre :

GUSTAVE FLAUBERT — CORRESPONDANCE
Première Série (1830-1850)

Ce volume contient, en effet, un grand nombre de lettres adressées par Flaubert à Ernest Chevalier. C'est à celui-ci que le futur auteur de *Salammbô* et de *Madame Bovary*, écrivit en 1839 — à dix-huit ans — une lettre fort curieuse sur l'incertitude de sa destinée. La première missive recueillie est du 31 Décembre 1830 ; son auteur, étant né le 12 Décembre 1821, n'avait donc que neuf ans lorsqu'il l'écrivit et l'éditeur en a pieusement respecté l'orthographe.

Ainsi qu'on l'a vu plus haut, c'est aux soins de Mme Caroline Commanville, nièce de Gustave Flaubert, que nous devons la publication de ces précieuses lettres, adressées non-seulement à son ami d'enfance, mais encore à des personnalités diverses, telles que Caroline Flaubert, sa sœur, Louis de Cormenin, Alfred Le Poittevin, Maxime du Camp, Jules Cloquet, Louis Bouilhet, et surtout Mme Louise Colet, alors dans tout l'éclat de sa beauté et de son talent littéraire. (Mme Louise Colet fut probablement la seule et grande passion de Flaubert.)

La *Correspondance* est précédée d'une Préface fort joliment écrite par Mme Caroline Commanville : notes intimes qui, comme le dit très justement le *Figaro*, fixent la vraie et définitive physionomie du grand écrivain.

Je relève dans cette Préface quelques passages qui se rapportent à M. Chevalier et à ma famille :

« En face de l'Hôtel-Dieu de Rouen, dans une modeste petite maison de la rue de Lecat, vivaient deux vieilles gens, le père et la mère Mignot. Ils avaient une tendresse extrême pour leur petit voisin (Gustave Flaubert). Sans cesse, le bambin, sur un signe d'intelligence, ouvrant la grande et lourde porte de l'Hôtel-Dieu, traversait en courant la rue et venait s'asseoir sur les genoux du père Mignot.

» Ce n'étaient pas les friandises de la bonne femme qui le tentaient, mais les histoires du vieux. Il en savait des quantités, les unes plus jolies que les autres, et avec quelle patience il les racontait ! L'enfant n'était pas difficile, mais il avait des préférences féroces ; celles qu'il aimait, il fallait les lui redire bien des fois.

» Le père Mignot faisait aussi la lecture. Don Quichotte surtout passionnait mon oncle ; il ne s'en lassait jamais. Il a toute sa vie gardé pour Cervantès la même admiration.

Dans les scènes suscitées par la difficulté d'apprendre à lire, le dernier argument, irréfutable selon lui, était : « A » quoi bon apprendre, puisque papa Mignot lit ? »

Plus loin, Mme Commanville ajoute :

« Dès dix ans, Gustave composa des tragédies. Ces pièces, dont il était à peine capable d'écrire les rôles, étaient jouées par lui et ses camarades (entr'autres par Ernest Chevalier).

Une grande salle de billard attenant au salon leur fut abandonnée. Le billard poussé au fond servit de scène ; on y montait par un escabeau de jardin. Caroline avait la surveillance des décors et des costumes. La garde-robe de la maman était dévalisée, les vieux châles faisant d'admirables peplums. Il écrivait à un de ses principaux acteurs, à Ernest Chevalier : « Victoire ! victoire ! victoire ! victoire ! Tu » viendras : Amédée (1), Edmond (2), Mme Chevalier (3), » maman, deux domestiques et peut-être des élèves viendront nous voir jouer. Nous donnerons quatre pièces que » tu ne connais pas. Mais tu les auras bientôt apprises. Les » billets de 1re, 2e et 3e sont faits. Il y aura des fauteuils. Il » y a aussi des toits, des décorations ; la toile est arrangée... »

(1) Amédée Mignot, mon père, alors avocat au Barreau de Rouen.

(2) Edmond Mignot, mon oncle.

(3) Mère de M. Ernest Chevalier.

CHAPITRE XVIII

M. CHEVALIER ÉLU DÉPUTÉ

(1885)

Toujours prêt à rendre service avec cette bonne grâce et cette affabilité qui doublent le prix du bienfait, encourageant au besoin la sollicitation timide par la rondeur et la franchise de son accueil, répandant à pleines mains le trésor de ses conseils, de son expérience et de sa connaissance des affaires, décourageant les contestations mauvaises, et faisant le bien sous les formes les plus multiples et les plus ingénieuses, M. Chevalier jouissait de cette popularité saine et invincible que donnent l'honnêteté du caractère, l'élévation des sentiments et qui a pour base l'estime de tous.

Une telle situation devait nécessairement appeler sur lui l'attention du Parti Conservateur.

Nous voilà en 1885. Le scrutin de liste allait être adopté. De nouvelles et énergiques instances furent faites auprès de

M. Chevalier par les notabilités politiques de Maine-et-Loire. Voici la lettre que mon parent m'écrivit à ce sujet, à la date du 14 Février 1885 :

« Mon cher Albert,

« ..... Le moment approche où je dois recevoir la visite de mon aimable nièce. J'espère qu'elle ne manquera pas à ses engagements ; je les lui rappelle afin qu'elle prenne ses mesures et fasse ses dispositions à l'avance.

» Je compte que vous viendrez, les uns et les autres, me tenir compagnie et vous reposer à la Deniserie. Plus vous resterez de temps, mieux vous ferez, et plus je serai satisfait...

» L'époque serait d'ailleurs parfaitement choisie pour me rendre visite. J'ai tellement travaillé depuis deux mois que je suis presque au courant de mes affaires, et je ne me vois, en perspective immédiate, rien de bien important.

» Au printemps, au contraire, ou, au plus tard, à l'été, il y a tout lieu de craindre que je ne sois fort occupé. *Les instances de mes amis ont été telles que j'ai dû définitivement accepter la candidature de député. Si donc le scrutin de liste est adopté par la Chambre, il faudra que je m'exécute.*

» *Je ne vois pas sans de graves préoccupations ce changement dans mon existence. Je trouvais dans ma situation actuelle suffisamment de travail, de distractions et d'honneurs. Si je n'avais pas craint de froisser mes amis, je serais resté purement et sim-*

plement Maire de Chalonnes et Conseiller Général de Maine-et-Loire.

» *Enfin, on l'a voulu et me voilà candidat, je puis le dire, malgré moi...*

» Si je suis contraint d'habiter Paris pendant une partie de l'année, j'aurai au moins pour compensation le plaisir de vous voir plus souvent. Je m'en réjouis à l'avance.

. . . .

» E. Chevalier. »

Le 24 du même mois, il écrivait à son excellent ami Truelle Saint-Evron :

« ..... Qu'il me suffise de vous dire que jamais, à aucune époque de ma vie, je n'ai autant travaillé.

» Je suis très fier de la confiance dont m'honorent mes compatriotes et de tous les pouvoirs qu'ils me délèguent ; mais, franchement, ils abusent souvent de mon bon vouloir.

» Et encore, mon cher ami, je crains bien de voir bientôt ma charge s'augmenter.

» Il avait été un moment question de me nommer sénateur en remplacement de M. Joubert. J'avais pu éviter cette corvée et je me réjouissais.

» Mais, si le scrutin de liste est adopté, je ne pourrai me soustraire aux sollicitations de mes collègues et de mes amis, et il me faudra accepter une candidature qui est déjà proclamée.

» *Ce n'est pas sans préoccupations que je songe à ce changement dans mon existence.* Malgré tout le plaisir que j'aurais de retrouver mes vieux amis de Paris (inutile de vous dire que vous êtes au premier rang), je serais heureux si les combinaisons politiques faisaient échouer le changement projeté dans notre système électoral... »

Le scrutin de liste, on le sait, fut voté par la Chambre.

M. Chevalier était donc décidément candidat. Cependant, un incident qui se produisit à la veille de la campagne électorale, et sur lequel je ne veux pas insister, faillit lui permettre de retirer son acceptation ; les Députés sortants s'en émurent : M. de Maillé, député, président du Conseil Général et président du Comité Conservateur, fut chargé d'intervenir. Il écrivit à M. Chevalier une lettre des plus flatteuses et dont je détache la phrase suivante : « Vous n'avez pas le droit de vous dégager d'un mandat que vous avez accepté, qu'un Comité vous a donné et qu'une réunion de Délégués vous a confirmé. »

Sur les entrefaites, la campagne électorale s'ouvrit.

Voici en quels termes le *Figaro* (numéro du 24 Août), soutint la candidature de M. Chevalier :

« M. Chevalier est un ancien Procureur Général près la Cour d'appel d'Angers, aujourd'hui Conseiller Général et

Maire de Chalonnes. Il emploie sa science juridique à régler les affaires de tous les riverains de la Loire, à apaiser les procès, à venir au secours de tous. Sa maison est un véritable cabinet d'agent d'affaires gratuit et bienfaisant ; le haut Magistrat, devenu en quelque sorte Juge de Paix amateur, a dans son canton l'unanimité des suffrages. Personne ne se présente contre ce candidat devant lequel les préfets de la R. F. eux-mêmes filent doux. Jamais, dans sa circonscription, Curé ou bonne Sœur ne furent molestés par nos maîtres, qui n'oseraient s'attaquer à la popularité du Conseiller Général faite de services rendus à tous. »

La liste conservatrice était établie comme suit :

M. Théobald de Soland, ancien Conseiller à la Cour d'Angers, Conseiller Général du canton de Thouarcé, Député sortant ;

M. Alexandre Fairé, Avocat à Angers, ancien Bâtonnier de l'Ordre ;

M. le comte de Maillé, ancien commandant de mobiles en 1870, maître de forges, Conseiller Général du canton de Chemillé, Député sortant ;

M. le vicomte de la Bourdonnaye, Conseiller Général du canton de Champtoceaux, Député sortant ;

M. le comte Léonce de Terves, ancien commandant de mobiles en 1870, Conseiller Général du canton du Lion d'Angers, Député sortant ;

M. Ernest Chevalier, ancien Procureur Général, Maire et Conseiller Général de Chalonnes-sur-Loire ;

M. Eugène Berger, ancien Chef de bureau du personnel au Ministère de l'Intérieur, ancien Conseiller de Préfecture ;

M. Jules Merlet, ancien vice-président du Conseil de Préfecture, nommé Préfet de Maine-et-Loire par M. Thiers.

La liste républicaine, dont le Ministre de l'Intérieur d'alors était le plus bel ornement, comprenait les noms suivants :

M. Allain-Targé, Ministre de l'Intérieur, ancien Ministre des Finances, ancien Préfet de Maine-et-Loire, ancien Magistrat de l'Empire, ancien Conseiller Municipal de Paris, ancien rédacteur de la *République française* ;

M. Alexis Maillé, négociant en bois, à Angers, ancien Maire de cette ville, Conseiller Général du canton Nord-Est d'Angers, Député sortant ;

M. Albert Benoist, ancien clerc de notaire, improvisé Sous-Préfet de Baugé au 4 Septembre, ancien Adjoint au Maire, Conseiller Général, Député sortant. C'est ce Député qui avait été perdu quelques années auparavant et que l'on retrouva égaré à Lisbonne. Il ne put jamais dire à ses électeurs ce qu'il y faisait ;

M. Eugène Bury, médecin à Saumur, ancien Maire, Conseiller Général du canton de Saumur, Député sortant ;

M. Marie Baudry, Avocat, Maire et Conseiller Général de Cholet ;

M. Combier, fabricant de liqueurs, Maire de Saumur ;

M. Varailhon, médecin, Maire et Conseiller Général de Noyant ;

M. Arthur Janvier de La Motte, propriétaire à Drain, ancien bonapartiste converti par Gambetta.

Puis venait une seconde liste républicaine, mais de couleur beaucoup plus foncée. La plupart étaient des ouvriers.

Voici les résultats qui furent proclamés par la Commission de recensement :

Inscrits	151.839
Votants	123.137

CANDIDATS CONSERVATEURS

Cte de Maillé	73.284	*Élu*
Ernest Chevalier	73.239	»
Th. de Soland	73.207	»
Jules Merlet	73.081	»
Vte de La Bourdonnaye	72.960	»
Berger	72.934	»
A. Fairé	72.878	»
Cte L. de Terves	72.874	»

CANDIDATS RÉPUBLICAINS

Maillé	47.573
Allain-Targé	47.483

Marie Baudry................	47.403
Bury......................	47.192
Benoist....................	46.930
A. Janvier..................	46.925
Varailhon..................	46.489
Combier...........	46.343

Quant aux candidats ouvriers socialistes, ils ne réunirent que onze cents voix.

Voici en quels termes les candidats conservateurs élus remercièrent le corps électoral :

« Messieurs et chers Concitoyens,

» Votre patriotisme, votre énergie, votre esprit de discipline ont valu au Parti Conservateur un éclatant succès dans le département de Maine-et-Loire. Nous vous adressons les félicitations les plus cordiales et nos plus sincères remercîments.

» Au scrutin du 4 Octobre, vous avez protesté contre la politique d'aventures, de violences et de gaspillages ; vous avez affirmé votre dévouement à la Liberté Religieuse, votre attachement aux idées de justice, d'administration prévoyante et régulière, sans lesquelles il n'y a ni stabilité ni progrès.

» Le mandat que nous recevons de votre confiance impose de grands devoirs à chacun de nous. Soyez assurés que nous saurons les comprendre et les remplir.

» Electeurs de Maine-et-Loire,

» Nous sommes maintenant les représentants du département, tous nos concitoyens sans distinction d'opinion peuvent compter sur nous pour la défense de leurs droits et de leurs intérêts.

Les Députés de Maine-et-Loire :

» Cte DE MAILLÉ, BERGER, Vte DE LA BOURDONNAYE, ERNEST CHEVALIER, FAIRÉ, JULES MERLET, TH. DE SOLAND, Cte LÉONCE DE TERVES. »

Aux élections de 1881, les candidats républicains avaient réuni 54,736 voix ; les conservateurs, 64,087.

Aux élections de 1885, comme on l'a vu plus haut, les conservateurs atteignirent le chiffre de 73,284, contre 47,573 seulement aux républicains.

M. Chevalier eut une large part dans ce magnifique succès. Il est incontestable que son nom si populaire apporta un appoint considérable à la liste conservatrice.

Les félicitations affluèrent. Je citerai, en première ligne, celle du prince Victor Napoléon :

« Paris, 10 Octobre 1885.

» Monsieur,

» C'est avec la plus grande satisfaction que je vous félicite de l'heureuse issue de votre élection.

» Le talent avec lequel vous avez rempli sous l'Empire les hautes fonctions qui vous étaient confiées, vous désignait aux suffrages de vos concitoyens, et je tiens à vous dire combien je suis heureux du choix qu'ont su faire les électeurs de Maine-et-Loire.

» Croyez, Monsieur, à mes meilleurs sentiments.

» VICTOR NAPOLÉON. »

M. LUCIEN MILLEVOYE : « Vives et affectueuses félicitations pour votre beau succès. La tâche est grande. Un souffle de réparation et de justice semble passer en ce moment sur la France. Vous arrivez au bon moment. Il y a quelque chose à faire à la Chambre. Vous aurez de chaudes journées, mais vous accomplirez d'utile besogne. »

M. MAX RICHARD, ancien député : « Je suis heureux de vous voir entrer à la Chambre à une époque où votre sens critique, votre esprit sagace seront d'un grand secours à vos collègues pour les aider à combattre et à repousser toutes les propositions de dépenses pouvant continuer à dépasser les ressources de nos budgets, et toutes les mesures iniques pouvant atteindre soit les sentiments religieux, soit l'état social de notre nation. »

M. RIBOURG, de Chemillé : « Une carte vous dirait trop froidement notre joie de vous voir représentant de notre vieil Anjou, comme l'était il y a presque cent ans le grand-père de Mme Chevalier. »

M. Saint-Luc Courborieu : « Mes bien vives et bien cordiales félicitations — pour vous d'abord, qui devez être heureux d'avoir moissonné les lauriers de la victoire — et ensuite pour le Pays qui a trouvé un nouveau, intelligent et vigoureux défenseur. Mes vœux vous accompagneront à la Chambre où le Parti Conservateur va se montrer — je l'espère — ce qu'il doit être : sage, ferme, étroitement uni, et dévoué à la France... Toute solution sera bonne, si elle délivre le Pays de ceux que l'amiral Courbet a si sévèrement désignés et qualifiés. »

M. Merveilleux du Vigneaux : « Vous serez à la Chambre en bonne compagnie. Marianne a cette fois du plomb dans l'aile. »

M. Delamarre de Boutteville, de Rouen : « Avec un avenir aussi mouvementé que nous le promet la Chambre de demain, on est heureux de voir les destinées du Pays confiées à des mains aussi sages et aussi modérées que les vôtres. Nous avons besoin d'hommes d'expérience qui préféreront encore le bien du Pays à des questions de parti. Je pense que vous avez là un mandat bien sérieux et qui ne vous donnera pas toujours de l'agrément. Le métier de député ne va pas être une sinécure ni un lit de roses. »

Etc., etc., etc.

Mgr Freppel, Evêque d'Angers et Député du Finistère, avait aussi adressé ses félicitations à M. Chevalier ; je regrette de n'avoir trouvé aucune trace de sa lettre dans les papiers de mon parent. Par contre, j'ai sous les yeux la copie de la réponse qui fut faite par M. Chevalier à l'illustre prélat, avec lequel il n'avait pas toujours été d'accord :

« 21 Octobre 1885.

» Monseigneur,

» J'ai été profondément touché du témoignage de sympathie que vous avez daigné me donner en me félicitant de ma nomination, et en appréciant avec une extrême bienveillance mes anciens services.

» Je ne m'attendais pas à tant d'honneur.

» Je regrette que des circonstances particulières ne m'aient pas permis de vous faire parvenir immédiatement l'expression de mes remercîments et l'assurance de mon dévouement.

» Je suis, avec le plus profond respect, Monseigneur, votre très humble et tout dévoué serviteur.

» E. Chevalier.

64 *bis*, rue de Monceau. »

Dès son arrivée à la Chambre, M. Chevalier fut accueilli par la sympathie de ses collègues les plus éminents et par des distinctions flatteuses. Toutefois, les hautes questions politiques ne furent point abordées par lui à la tribune, quoiqu'il fût à même de les discuter avec autorité. Aux maîtres de la parole il laissait la défense des grandes thèses : excellente tactique pratiquée dans les pays voisins et trop peu suivie chez nous ! Des services moins en vue, mais non moins utiles, lui étaient réservés. Appelé dans les Commissions les plus importantes, il s'y montrait homme d'affaires consommé, jurisconsulte éclairé, politique sage et résolu.

Espérant plus de la modération que de la violence, conciliant par tempérament, patient par raison, attendant des événements mêmes la résultante inconnue de situations troublées, mais plaçant au-dessus de tout l'intérêt du Pays et le succès des Conservateurs, M. Chevalier était partisan résolu de cette Union Conservatrice qui, notamment dans le département de Maine-et-Loire, dresse contre les revendications républicaines une barrière infranchissable.

CHAPITRE XIX

SA MALADIE — SA MORT

M. Chevalier était certainement appelé à jouer un rôle important dans les conseils du Gouvernement. Mais une maladie impitoyable devait bientôt briser sa carrière politique.

J'ai dit les hésitations de M. Chevalier lorsqu'on vint, à plusieurs reprises, lui offrir la candidature législative ; j'ai dit son refus catégorique.

En 1885, après avoir encore énergiquement résisté à de tenaces et flatteuses sollicitations, M. Chevalier finit par accepter ; il fut, en quelque sorte, candidat malgré lui, comme il me l'écrivait dans sa lettre du 14 Février 1885.

Ses tristes pressentiments d'alors ne devaient, hélas ! que trop se réaliser.

Le séjour à Paris, le changement de vie, les réceptions, le brouhaha de la vie mondaine, l'agitation parlementaire, les luttes et les soucis de la politique, l'atmosphère enfiévrée de la Capitale développèrent chez lui une affection du cœur dont il avait déjà éprouvé une atteinte en 1872. Cette lésion organique le tourmenta peu jusqu'en 1882, mais à cette époque, trois accès de goutte qu'il éprouva donnèrent le coup de fouet à la lésion cardiaque.

En outre, dans le courant de l'année 1884, M. Chevalier avait été atteint d'une hématurie occasionnée par un néoplasme de la prostate.

C'est dans ces conditions tout à fait défavorables qu'en 1885, par dévouement à la chose publique, convaincu que l'inscription de son nom sur la liste conservatrice de Maine-et-Loire affermirait l'union des bonapartistes et des orléanistes, et, par conséquent, assurerait le triomphe du Parti de l'Ordre et de la Conservation sociale ; c'est dans ces conditions, dis-je, qu'il se décida à abandonner ses habitudes de gentilhomme campagnard pour se lancer, à Paris, dans les agitations fébriles de la politique. Le Parti Conservateur triompha dans Maine-et-Loire, mais le dévouement, le sacrifice de M. Chevalier devait entraîner pour mon regretté parent des conséquences mortelles.

Le mal dont il était atteint ayant fait de notables progrès, M. Chevalier dut abandonner, à plusieurs reprises, ses travaux parlementaires. Il vint de temps en temps se reposer sur notre littoral normand des fatigues du Palais-Bourbon. Sainte-Adresse et le Boulevard Maritime du Havre avaient pour lui un charme indéfinissable. Confortablement installé à son observatoire de la Villa Héva, où mon frère lui donnait une cordiale hospitalité, il passait de longues heures à respirer l'air pur de la mer et à contempler le magique spectacle de la rade sillonnée de navires. Le calme séjour de Sainte-Adresse lui procurait ce bienheureux apaisement des nerfs, ces moëlleux bercements de l'esprit, ce repos délicieux qui porte à l'oubli des réalités de la vie. De temps à autre, quand il se sentait mieux portant, il dirigeait ses pas vers le canal de Tancarville, alors en construction, dont il observait les progrès avec un vif intérêt. Les travaux du quartier de l'Eure, le bassin Bellot, le sas éclusé, et tous les agrandissements du port le captivaient aussi à un haut degré. Même, de retour à Paris, il n'oubliait jamais dans ses lettres de nous demander des nouvelles de tels et tels travaux en cours.

Hélas ! il ne devait pas assister à leur achèvement.

Il fut atteint d'une bronchite grave qui mit ses jours en danger.

A la fin de Décembre de cette même année, sa santé continuant de donner des inquiétudes, les médecins lui ordonnèrent le séjour dans le Midi.

J'ai sous les yeux une collection de lettres écrites par le malade à l'un de ses plus intimes amis. Quelques extraits de cette correspondance donneront une idée de son état physique et moral.

Le 31 Décembre 1886, il écrivait de Chalonnes : « J'ai à vous apprendre une mauvaise nouvelle pour moi.

» J'étais un peu essoufflé depuis quelques jours ; j'ai, ce matin, fait venir mon médecin, et il m'a conseillé, je devrais dire ordonné, de partir immédiatement pour le Midi si je voulais prévenir le retour de graves accidents que j'ai éprouvés au commencement de cette année.

» Toutes mes observations ont été inutiles : il a persisté dans son avis et il m'a donné de telles raisons que je n'ai qu'à me soumettre.

» Je vais mettre ordre à mes affaires et j'irai vous serrer la main dans le courant de la semaine prochaine, en me rendant à Cannes.

» Vous ne sauriez croire le chagrin que me cause ce départ, et il y a bien des raisons pour cela.

» Enfin !!!

» Avec tous mes souhaits pour votre bonheur et pour celui de vos chers Bretons, recevez l'expression de ma vieille et sincère amitié. »

Le 15 Janvier suivant (1886), il écrivait de Cannes :

« ..... Il y a à peine une semaine que je vous ai quitté et le temps m'a semblé si long que je me persuaderais facilement qu'il s'est déjà écoulé un mois depuis que je suis à Cannes.

» Il est si triste d'être loin de ses amis et de ses occupations, dans un pays où l'on ne compte que des indifférents.

» Enfin, il l'a fallu, et je me soumets ; mais ce n'est pas sans une grande tristesse et un profond découragement.

» Je suis cependant obligé de convenir que le temps merveilleux dont nous jouissons ici a une heureuse influence sur l'état de ma santé : le cœur bat plus régulièrement et mes étouffements ont notablement diminué.

» Mais je ne me réjouis que faiblement de cette amélioration, puisque je sais que, ma guérison fût-elle complète, je devrais attendre plus de deux mois avant de retourner à Paris ou en Anjou. »

Peu de temps après l'envoi de cette lettre, M. Chevalier était atteint d'une nouvelle et très violente hématurie qui mit ses jours en danger. Il fut obligé de garder le lit pendant plus de trois semaines, mais, grâce à sa robuste constitution, il surmonta cette crise terrible et les forces revinrent assez rapidement.

Le 2 Avril, il écrivait de Cannes :

« Ma santé s'est notablement améliorée. J'ai grand regret d'avoir tardé si longtemps à venir chercher dans cet admirable pays la fin de ma convalescence. J'ai bien encore quelques petites misères, mais ce n'est rien en comparaison de *toutes celles que j'ai éprouvées*. Le sommeil et l'appétit sont en partie revenus et je puis écrire sans trop trembler.

» Enfin, tout me fait espérer que, vers le 15 de ce mois, je pourrai retourner à Chalonnes complètement guéri. Je dis à Chalonnes, car il me semble inutile (peut-être même serait-il imprudent) de rentrer à la Chambre avant les vacances de Pâques. Et puis, est-il si urgent de retourner dans cette maudite galère ? Le rôle de la Droite est des plus effacés et la présence ou l'absence d'un de ses membres ne peut avoir d'influence sur les décisions d'une majorité capable de tout, sauf le bien. »

Le 15 Avril, ainsi qu'il en exprimait l'espoir dans la lettre qui précède, M. Chevalier fut dans un état de santé qui lui permit de retourner dans sa chère propriété des bords de la Loire.

Son retour à Chalonnes fut marqué par une amélioration très sensible.

Le docteur Hulin, son médecin habituel, lui donnait des soins intelligents et dévoués. C'est certainement au traitement du distingué docteur que M. Chevalier doit la prolongation de son existence. Je me fais un devoir de lui rendre ici ce public témoignage de ma sympathie et de ma gratitude.

Le 31 Mai 1887, M. Chevalier écrivait :

« ..... Depuis mon retour à Chalonnes, je n'ai éprouvé aucun des accidents qui m'avaient tant affaibli à Cannes, et j'ai pu, sans inconvénient, faire quelques promenades en voiture. Tout serait donc pour le mieux et je pourrais me figurer que je recommence une seconde jeunesse, si mon cœur ne me rappelait de temps en temps que je ne suis plus qu'une pauvre vieille machine détraquée.

» En résumé, cependant, il ne faut pas trop se plaindre, et s'il ne survient pas de nouveaux accrocs, je retournerai à Paris après les vacances de Pâques.

» Je me réjouis de pouvoir enfin remplir le mandat que m'ont confié mes concitoyens et reprendre nos bonnes soirées de causerie et de jeu. J'espère seulement que mon excellente amie Mme Truelle aura un peu plus d'égards pour mon innocence et ma faiblesse, et qu'elle me condamnera moins souvent à franchir ce Rubicon si pénible pour mon orgueil et pour ma bourse. Je ne lui en garde cependant aucune rancune, et je lui prouve mon constant et affectueux souvenir en lui envoyant de temps en temps quelques fleurs de la Deniserie.

» Mais, oh barbare !!! mes camélias ne sont nullement venus en serre ; c'est un produit de mon jardin, et c'est ce qui leur donne surtout de la valeur, parce qu'ils prouvent combien nous sommes avantagés sous le rapport du climat.... »

On le voit par le ton de cette lettre, M. Chevalier n'avait pas encore perdu son enjouement naturel.

Mais la maladie ne devait pas tarder à réapparaître menaçante, implacable. On peut en juger par les lettres qui suivent :

« Chalonnes, 2 Mai 1887.

» ..... Mon vieil et excellent ami, il paraît décidément que le poids des années commence à nous sembler lourd à tous trois. Vous avez été enrhumé et oppressé, Mme Truelle est toute patraque et garde la maison. Quant à moi, j'ai encore eu quelques crises et je ne suis pas très robuste.

» Ce serait donc le cas de nous réunir pour nous tenir compagnie et nous consoler réciproquement de nos misères.

» Il n'en sera rien cependant pour le moment. Mon médecin me conseille de passer encore quelques semaines à Chalonnes, et la Députation de Maine-et-Loire qui craint une vacance me supplie de ne pas retourner à Paris.

» Cette insistance amicale et intéressée, jointe au peu de confiance que j'ai dans mes forces, me décide à attendre dans ma vieille Deniserie l'arrivée définitive des beaux jours.

» Je n'irai donc vous rejoindre qu'au commencement du mois de Juin, je passerai deux mois avec vous et rentrerai en Anjou pour la session du Conseil Général.

» Ce sont là de beaux projets. Le passé m'a cependant appris que je ne devrais plus en former. Mais espérer est déjà un bonheur et je n'ai plus guère que celui-là... »

« Chalonnes, 19 août 1887.

» ..... L'écriture de cette lettre vous dit de suite que mon état de santé n'est pas brillant. Il m'est, en effet, impossible d'écrire avec une plume.

» *J'ai été bien malade* depuis mon retour à Chalonnes, et on n'a pu songer à m'envoyer au Mont-Dore. Si j'y étais arrivé, *je n'en serais pas revenu*.

» .... Je suis encore bien faible et les accrocs se produisent trop souvent.

» Enfin ! ! ! à la grâce de Dieu !

» . . . . Irai-je lundi assister à la séance d'ouverture du Conseil Général ? J'en ai grande envie, mais rien n'est encore décidé. Mon médecin ne me fera connaître son avis que dimanche.

» En tout cas, je reviendrai lundi soir à Chalonnes et ne retournerai assister aux séances suivantes que si j'avais bien supporté cette épreuve.

» Vous pouvez juger par tous ces détails de mon triste état. Heureusement, le moral est encore bon.

» Quant à la Chambre des Députés et à Paris, il faut leur dire un éternel adieu. Est-il besoin de vous dire à tous deux ce que j'y regrette le plus. »

C'est la dernière lettre qu'il écrivit. Il eut le courage de se rendre à Angers pour assister à l'ouverture du Conseil Général, mais l'épreuve ne fut que trop concluante. Il revint épuisé à Chalonnes et dut prendre le lit.

Les crises se succédèrent pour ainsi dire sans aucune interruption. A l'hématurie, à la broncho-pneumonie vint s'ajouter l'œdème des jambes ; puis l'oscite, qui fut augmentée par le développement rapide du néoplasme.

Au mois d'Octobre, M. Chevalier ne se fit plus illusion sur la gravité du mal.

— Mon ami, dit-il à mon frère, avec un grand sang-froid, je vais mourir.

Et comme mon frère balbutiait quelques-unes de ces

banales protestations que l'on considère comme un devoir dans ces tristes circonstances :

— Ecoute, lui répliqua-t-il. Tu vois bien que le mal fait des progrès. Il a commencé par les pieds ; il atteint les cuisses, et quand il arrivera au cœur, ce sera la fin.

Ayant appris la gravité de la maladie de M. Chevalier, les notables du Parti Conservateur de Maine-et-Loire s'empressèrent de visiter leur collègue et de lui donner des marques non équivoques d'intérêt et de profonde sympathie. Mgr Freppel lui-même, qui avait eu avec M. Chevalier certains démêlés que j'ai mentionnés plus haut, se rendit à la Deniserie, et je crois pouvoir ajouter que l'entretien fut de part et d'autre empreint d'une sincère cordialité.

M. Chevalier vit venir la mort sans faiblesse et sans crainte.

Sentant sa fin prochaine, il avait déjà depuis quelque temps mis en ordre ses affaires, ce qui, du reste, ne fut pas pour lui une besogne bien difficile : tous ses papiers avaient toujours été classés et catalogués avec un soin et une méthode admirables. Les lettres reçues portaient toutes la mention de la date de la réponse. Aucun renseignement utile pour un maître ou une maîtresse de maison n'était omis : les menus des dîners qu'il donnait — officiels ou non — étaient conservés avec un dessin précisant, avec la date du repas, l'ornementation de la table, le nom des convives et la place que ceux-ci occupaient ; le nom des invités non acceptants y figurait également. Ces détails donnent une idée de l'ordre méticuleux qui présidait à tous les actes de sa vie.

M. Chevalier n'eût donc pas à faire un grand effort pour classer ses papiers de famille.

Mais ce qui l'occupa davantage, ce fut de détruire certains manuscrits qu'il ne voulait pas laisser après sa mort : ainsi furent brûlées un certain nombre de lettres de Gustave Flaubert.

En présence des progrès rapides de la maladie qui devait l'emporter, M. Chevalier ne s'était pas contenté de s'occuper de ses affaires terrestres : il avait songé aussi que tout ne s'éteint pas avec la cessation de la vie, et que l'homme, après son passage sur cette terre, devait avoir, dans une existence ultérieure, des comptes à rendre à son Créateur.

S'il n'avait pas toujours été pratiquant, il n'en était pas moins animé d'un très grand respect pour les enseignements de l'Eglise.

Quoique libéral — ou plutôt parce qu'il était vraiment libéral — il n'admettait pas que l'on arrachât des Ecoles et des Hòpitaux ces crucifix qui tenaient si peu de place, qui emplissaient l'agonie des mourants de réconfortants espoirs, qui apprenaient aux tout petits cette morale qu'aucune autre ne remplacera, le respect des parents, la charité, la consolante et noble croyance en une autre vie où ceux qui furent honnêtes, serviables aux pauvres, courageux dans la lutte de chaque jour, renaîtront et seront récompensés.

Il n'admettait pas non plus que l'on expulsât les Sœurs

Hospitalières, ces bonnes Sœurs qui, avec leurs cornettes blanches, leur voix douce, semblent parfois d'angéliques apparitions aux malades convulsés par la souffrance, qui se dévouent avec quelque chose de stoïque et de sublime, et ne désertent jamais leur poste, même dans les pires épidémies, en ces jours de deuil où s'enfuient les plus courageux ; saintes filles qui ne sont coupables que de croire en Dieu, de lui rapporter leur héroïsme, les élans de leur reconnaissance et les actions de grâce des malheureux qu'elles ont sauvés.

Outre les deux dévoués domestiques qu'il avait près de lui, M. Chevalier était soigné, la nuit, par deux religieuses, notamment par la Sœur Sainte-Marcelline, supérieure de l'Hospice de Chalonnes, femme d'une intelligence très déliée et d'un dévouement unique.

Il chargea celle-ci d'aller trouver M. l'abbé Augustin Aubert, curé de la paroisse Saint-Maurille, de Chalonnes, pour lequel il avait une grande estime, très méritée d'ailleurs. Ce digne ecclésiastique accourut en toute hâte. Il eut avec M. Chevalier un premier entretien qu'il ne prolongea pas, faisant en cela preuve de tact, et revint plusieurs fois, toujours reçu par le malade avec les meilleurs sentiments. Il eut enfin la consolation de recevoir la confession de M. Chevalier.

Le mois de Novembre fut terrible. L'enflure du néoplasme et des jambes avait fait des progrès effrayants.

Le 25, la prononciation devint plus difficile.

— Si une chose me surprend, dit-il péniblement, c'est que cela n'aille pas plus vite. »

Les forces diminuaient visiblement et la fièvre s'emparait du pauvre malade, l'assoupissement était presque continu.

Le 1er Décembre, l'érésypèle se déclara : c'était la fin.

Cependant, M. Chevalier avait encore toute sa connaissance.

Le 3 Décembre, mon frère, qui venait d'apprendre le résultat de l'élection à la Présidence de la République — s'approcha du lit où reposait le pauvre malade et, profitant d'un moment favorable, lui dit :

— Mon oncle, veux-tu que je t'apprenne une nouvelle ?

Sur un signe de tête affirmatif, mon frère reprit :

— Eh bien ! nous avons un nouveau Président de la République, M. Carnot.

— Honnête homme, murmura, dans sa loyauté, le moribond qui eut la force d'interroger :

— Grosse majorité ?

— Je l'ignore encore. Je te le dirai tantôt, lui répliqua mon frère.

Sur cette réponse, M. Chevalier retomba, pour la dernière fois, dans son assoupissement. Sa tête s'inclina sur l'oreiller. Ses yeux se fermèrent comme appesantis par le sommeil, et l'agonie commença.

Le lendemain, à dix heures du matin, M. Chevalier rendait son âme à Dieu !

Ses dernières heures ont été délivrées de toute souffrance; il avait eu le temps de regarder la mort en face et d'appeler à son aide, pour le grand passage, les secours de l'Eglise.

Ainsi s'est éteint M. Chevalier. Ce qu'il faut saluer surtout en lui, c'est le caractère. Et dire d'un homme qu'il fut un caractère, à notre époque de défaillances de toutes sortes, n'est-ce pas le plus bel éloge qu'on puisse lui adresser ?

Cette fermeté s'est manifestée par un indéfectible attachement aux principes d'ordre et par ce travail opiniâtre, acharné, auquel il se livra pendant de longues années, imprimant sur tout ce qu'il effleurait ou approfondissait la trace d'un esprit lumineux et d'un cœur honnête.

CHAPITRE XX

ALLOCUTION DU PRÉSIDENT DE LA CHAMBRE DES DÉPUTÉS

Aussitôt le décès de M. Chevalier, je crus devoir, en ma qualité de plus proche parent, en aviser le Président de la Chambre des Députés.

Le lendemain, au début de la séance, M. Floquet rendait un éclatant hommage à la mémoire de M. Chevalier.

M. le Président de la Chambre s'est exprimé dans les termes suivants, que je reproduis d'après le compte-rendu *in-extenso* du *Journal Officiel*.

CHAMBRE DES DÉPUTÉS

Séance du Mardi 6 Décembre 1887

Présidence de M. CHARLES FLOQUET

....

Annonce du Décès d'un Député

« MONSIEUR LE PRÉSIDENT. — Mes chers collègues, j'ai le regret d'avoir à vous annoncer la nouvelle perte que la

Chambre vient de faire dans la personne de M. Ernest Chevalier, député de Maine-et-Loire.

» C'était une conscience d'une grande fermeté, un cœur plein de bonté et de dévouement.

» Procureur Général à la Cour d'Angers, en 1870, il resta fidèle au Gouvernement impérial qu'il avait fidèlement servi. Il n'hésita pas à résigner ses hautes fonctions, sacrifiant ainsi ses intérêts les plus chers à son devoir. (Très bien ! très bien !)

» Rentré dans la vie privée, il consacra à ses voisins, à ses amis, à ses concitoyens, l'expérience qu'il avait laborieusement acquise dans le long exercice de ses fonctions judiciaires ; il devint le conseiller des pauvres ; il fit de sa maison comme le siège d'une magistrature domestique, d'un arbitrage quotidien, accepté avec respect, et qui mit fin à plus d'un litige onéreux. (Très bien ! très bien !).

» Elu au Conseil Général du département de Maine-et-Loire en 1871, à la Chambre des Députés en 1885, il apporta dans l'accomplissement de ces mandats électifs ses rares qualités de douceur personnelle et de fermeté politique.

» La maladie l'a malheureusement tenu trop souvent éloigné de nous, mais ceux qui ont connu M. Chevalier ont vite apprécié cet excellent collègue.

» Nous nous associons tous à leur douleur, à celle de sa famille et de ses concitoyens. (Applaudissements répétés). »

La Droite a été sensible à cet hommage délicat rendu à un de ses membres. M. Floquet est, du reste, généralement heureux dans ses allocutions funèbres, et il me paraît, dans cette circonstance, avoir été particulièrement bien inspiré.

CHAPITRE XXI

ALLOCUTION DU PRÉSIDENT DU CONSEIL GÉNÉRAL DE MAINE-ET-LOIRE

De son côté, l'honorable Président du Conseil Général de Maine-et-Loire, M. le Comte de Maillé, en ouvrant la session de cette Assemblée, prononça le touchant hommage qui suit :

« Messieurs,

» Depuis notre dernière session, nous avons eu le malheur de perdre M. Chevalier, qui tenait une place importante au milieu de nous et dont la parole avait un grand poids dans nos discussions.

» Originaire de Normandie, il entrait, dans les premières années de sa jeunesse, dans la Magistrature où il fut successivement Substitut en Corse, Procureur Impérial à Metz, à Lille et à Lyon, puis, en 1867, il fut nommé Procureur Général à Angers.

» Après la Révolution du 4 Septembre, M. Chevalier se retira à Chalonnes. Il se servit de sa haute compétence d'ancien Magistrat pour mettre sa science du droit au service de ses Concitoyens. Par son abord facile, par sa bonhomie, par les conseils utiles qu'il donnait à tous, par les services qu'il rendait, sans s'occuper de l'opinion politique de chacun, il conquit une grande influence basée sur la plus sérieuse popularité. C'est dans cet échange de services demandés et gracieusement rendus qu'il acquit des titres incontestables à la reconnaissance publique.

» En 1871, il fut nommé Conseiller Général pour le canton de Chalonnes et réélu à chaque élection ; en 1884, il devenait Maire de Chalonnes ; enfin, en 1885, la confiance des électeurs l'envoya siéger à la Chambre des Députés.

» C'est dans vos rangs, Messieurs, que son activité s'est développée le plus utilement pour les affaires publiques. Laborieux et exact, il s'est distingué par le soin avec lequel il défendait les finances départementales et s'opposait à toutes les dépenses qu'il jugeait n'être point indispensables. Depuis de longues années, il était Membre de votre quatrième Commission. Il a été chargé à ce titre de plusieurs rapports importants sur les chemins de fer. Il a pris part à la rédaction du traité en vertu duquel ont été construits les chemins de fer d'Angers à Montreuil-Bellay et de Chalonnes au Perray. Dans ces derniers temps, il a demandé et obtenu, avec votre concours, la construction du pont de Rochefort auquel il s'intéressait passionnément.

» M. Chevalier était non-seulement un travailleur assidu, mais il avait aussi le talent d'entretenir d'excellentes relations avec tous ses collègues. Quelques-uns d'entre vous ont vécu pendant dix-sept ans de cette vie de bonne camaraderie qui laisse un long souvenir et je crois pouvoir, Messieurs, au nom du Conseil Général, envoyer à sa Famille l'expression de nos sincères regrets. »

CHAPITRE XXII

SES OBSÈQUES

Les obsèques de mon regretté Parent furent imposantes. Bien avant l'heure de la funèbre cérémonie, une affluence considérable, malgré la tempête qui sévissait ce jour-là, se pressait dans le parc de la Deniserie pour rendre les derniers devoirs à l'homme qui connaissait si bien les besoins du pays et qui n'avait jamais déserté la défense de ses intérêts.

La bibliothèque de la Deniserie, où M. Chevalier se tenait d'habitude pour recevoir les habitants et apaiser leurs différends, avait été transformée en chapelle ardente. Au milieu des couronnes et des bouquets de fleurs, était placé le cercueil recouvert de la robe rouge et de l'hermine de procureur général et des insignes de député. En avant, sur un coussin, brillait la croix d'officier de la Légion d'Honneur. De chaque côté, priaient, agenouillées, les religieuses de l'Hôpital.

Dans le salon, se tenaient : M. Gayot, oncle du défunt ; M. Alfred Millevoye, commandeur de la Légion d'Honneur, ancien Premier Président de la Cour de Lyon, beau-frère ; M. Henry Mignot, mon frère ; MM. Jules et Jacques Millevoye, et celui qui écrit ces lignes.

Bientôt les chants religieux se font entendre : c'est le clergé qui vient chercher le corps pour se rendre à l'église qui s'élève à quelques pas du château.

Le cortège se forme. Des deux côtés, une escorte formée par les membres de la Société de Secours mutuels de Chalonnes.

A la suite venaient les enfants des Ecoles, auxquelles M. Chevalier avait toujours témoigné une vive sollicitude.

Le Conseil Municipal était au complet, ayant à sa tête M. Cousin, premier adjoint ;

Une délégation des ouvriers mineurs de la Loire, bannière en tête ;

La brigade de gendarmerie de Chalonnes, etc.

On remarquait au premier rang de l'assistance ou tenant les cordons du poêle, des membres du Parlement, collègues de M. Chevalier : MM. le comte de Maillé, Berger, de Soland, vicomte de La Bourdonnaye, députés ; Blavier, sénateur ; M. le Secrétaire Général de la Préfecture, représentant le Préfet, qui s'était fait excuser ; des Conseillers Généraux et d'Arrondissement : MM. le comte de Castries, Bodinier, Deperrières, etc. ; tous les Maires du canton : MM. Drouard, de Rochefort-sur-Loire ; Colin, de Denée ; Juteau, de Chaudefonds ; Renaudineau, de Saint-Aubin ; d'anciens Magistrats, qui étaient en fonctions à l'époque où

M. Chevalier occupait le siège de procureur général : MM. Gain, Lair, de Chataux, Métivier, etc., etc.

La nef était entièrement tendue de noir. En avant du chœur s'élevait le catafalque.

Un grand nombre de prêtres des environs avaient tenu à assister à la cérémonie.

Après le service solennel, le cortège s'est reformé pour se rendre au cimetière qui se trouve à l'autre extrémité de Chalonnes.

Après les prières de l'Eglise, M. le comte de Maillé, Député et Président du Conseil Général de Maine-et-Loire, a prononcé le discours suivant :

« Messieurs,

» Au bord de cette tombe, où nous venons accompagner la dépouille mortelle d'un homme dont le souvenir tient tant de place dans le cœur des habitants de Chalonnes, je veux, en quelques mots, rappeler à sa famille, à ses amis, à tous ceux qui ont été l'objet de ses bienfaits, la vie de M. Chevalier.

» Le trait particulier de son caractère était une grande générosité, un besoin de se dévouer aux intérêts d'autrui, et je dois ajouter, une grande reconnaissance pour les services rendus.

» Originaire de Normandie, c'est avec l'appui des familles de Vatimesnil et Passy qu'il entre dans la Magistrature, à la fin du règne du roi Louis-Philippe ; puis, le 2 Décembre

1852, il se hâte d'offrir ses services à MM. Vatimesnil et Passy, victimes du coup d'Etat et enfermés pendant quelques jours au Mont-Valérien. Il est successivement Substitut en Corse, Procureur Impérial à Metz, à Lille et à Lyon, où ses fonctions le mettent en relation avec les classes ouvrières de ces grandes cités. Il en profite pour défendre leurs intérêts auprès de l'Empereur, qui l'accueille avec une grande bienveillance, et le nomme Procureur Général à Grenoble, et bientôt après, en 1867, à Angers, où l'attiraient ses intérêts de famille par son mariage avec Mlle Leclerc.

» Au 4 Septembre, il suit le mouvement des membres de son Parquet, donne sa démission et vient se retirer à Chalonnes. Alors, commence pour M. Chevalier, cette vie de relations intimes et dévouées avec les habitants du pays, à quelque opinion qu'ils appartiennent, amis ou adversaires. Il a bientôt conquis vos cœurs, ainsi que ce surnom donné par les gens de la campagne, le *Monsieur qui rend la Justice.*

» Beau titre, dont il était plus fier que de toutes les distinctions dont l'ont honoré les suffrages de ses concitoyens ; et cependant M. Chevalier a été Conseiller Général en 1871 et réélu à chaque élection. Maire de Chalonnes en 1884, succédant à M. Dedouvres, dont il avait été l'adjoint, puis Député aux élections générales en 1885.

» Dans ces différentes fonctions, il a défendu les intérêts de la commune, du département et de la France. Comme Député, il s'est associé à toutes les revendications de liberté religieuse et sociales, à toutes les questions d'économie, à toutes les propositions de loi protectrices de l'agriculture et de l'industrie, soutenues à la Chambre par les Députés de la Droite.

» Au Conseil Général, il a été l'un des plus ardents promoteurs de l'économie à laquelle le département doit des finances solidement établies sur des ressources suffisantes pour tous ses besoins. Il a été principalement occupé des routes départementales, de la création des chemins de fer ; il a obtenu le rachat du péage des ponts de Chalonnes et a travaillé passionnément, avec le Conseil Général, à la construction du pont de Rochefort.

» Maire de la ville de Chalonnes, il prenait sous sa protection toutes les questions qui intéressaient ses concitoyens ; soutenait avec une bienveillance particulière l'Ecole des filles dirigées par les Sœurs de Notre-Dame, l'asile de N.-D. tenu par les mêmes religieuses, l'Asile communal tenu par les Sœurs de Sainte-Marie, l'Ecole de Saint-Maurille, sous la direction des Sœurs de Saint-Charles. Il est un des bienfaiteurs du Bureau de bienfaisance de Notre-Dame auquel il lègue 500 francs, dans son testament. Il n'oublie aucune institution charitable, léguant 2,000 francs au Bureau de bienfaisance de la commune et 3,000 francs à l'Hôpital. M. Chevalier ne me pardonnerait pas, si je ne témoignais aujourd'hui de ses sentiments, dont il m'a souvent parlé, de profonde et respectueuse reconnaissance à Mme la Sœur supérieure de l'Hôpital pour ses soins envers les pauvres de la commune et envers lui-même.

» Messieurs, quand un homme a accompli tant d'œuvres, a soulagé tant de misères, est venu par ses conseils au secours de tant d'infortunes, et lorsque la cruelle douleur, cette grande épreuve de la vie, a fortifié son âme, il peut s'endormir en paix dans le sein du Seigneur. Ses amis doivent avoir confiance : Dieu accueille dans sa miséricorde ceux qui ont souffert avec résignation et ont passé leur vie à consoler les malheureux. »

M. Cousin, premier adjoint au maire de Chalonnes, s'est ensuite exprimé en ces termes :

« Messieurs,

» Au nom de l'Administration municipale, du Conseil et, j'en suis certain, de toute la population, je viens dire un dernier adieu à notre maire regretté.

» Il ne m'appartient pas, Messieurs, de vous entretenir de la vie de M. Chevalier comme Magistrat, ni des hautes situations qu'il avait su de bonne heure acquérir. Vous le connaissiez cependant à cette époque, car, par son alliance avec une vieille et honorable famille de notre pays et ses nombreux séjours à la Deniserie, on peut dire qu'il était déjà presque Chalonnais. Il le devint tout à fait à la suite des malheureux événements de 1870-1871, et, aussitôt cette même année, vos libres suffrages l'envoyèrent siéger au Conseil général de notre département, ainsi qu'à notre Conseil municipal. Dans cette dernière assemblée, il ne tarda pas à occuper une place prépondérante et, quelques années après, il devint successivement adjoint et maire de notre commune.

» Chaque renouvellement de son mandat fut pour lui l'occasion d'un nouveau triomphe et il le méritait, Messieurs, car jamais maire ne fut plus dévoué à ses concitoyens. Travailleur infatigable, caractère facile et ouvert, M. Chevalier se donnait tout entier aux intérêts de ses administrés. Ils sont nombreux ceux qui se souviendront longtemps avec reconnaissance des conseils qu'ils venaient lui demander à la Deniserie ; tous, sans distinction d'opinion, y recevaient le même accueil favorable. A la tête de la Municipalité et des divers services de notre commune, M. Chevalier apportait ses qualités d'administrateur habile qui lui permirent, avec des ressources relativement restreintes, de mener à bonne fin toutes les entreprises importantes de ces dernières années : construction et entretien des chemins, achèvement de la mairie et des écoles, édification du presbytère, enlèvement du péage du pont, fondation de notre Comice agricole.

» Un dernier succès était venu, il y a deux ans, couronner sa carrière ; mais, déjà, à cette époque, il ressentait les atteintes de la grave maladie qui devait nous l'enlever et bientôt il nous revenait à Chalonnes pour n'en plus sortir. Nous l'avons vu jusqu'à ses derniers moments, Messieurs, s'occuper des affaires de notre commune, et vraiment on peut dire qu'il est mort en pensant à nos intérêts, car il n'a oublié, en distribuant ses libéralités, ni notre Hôpital, ni notre Bureau de bienfaisance.

» Que vous dirai-je de plus, Messieurs, que vous ne sachiez tous ? La nombreuse assistance qui nous entoure prouve assez quelles sympathies M. Chevalier avait su acquérir, et le plus bel éloge que l'on pourra faire de sa mémoire sera de dire qu'il nous a quittés en ne laissant parmi nous que des amis.

» Adieu, cher Monsieur Chevalier, adieu. »

Enfin, M. Drouard, maire de Rochefort-sur-Loire, se faisant l'interprète des maires du canton, a prononcé l'allocution suivante :

« Mesdames, Messieurs,

» Je viens en mon nom et aussi pour mes collègues, les maires des communes de ce canton, dire le dernier adieu à M. Chevalier.

» M. Chevalier était un caractère !

» Il eut ses détracteurs ; il eut ses adversaires ; mais aucun de ceux-là ne peut lui reprocher d'avoir refusé un service à un adversaire : il faisait pour lui ce qu'il eût fait pour un ami.

» Cette manière de faire constitue vraiment, à mon avis, l'homme de bien.

» Quand il s'agissait des intérêts de nos communes, il

était attentif à leurs besoins et aux demandes qu'on lui adressait à ce sujet.

» Il mettait toute son activité, tout son dévouement au service de la cause qu'on lui confiait. Il savait la faire valoir près de l'Administration supérieure. S'il s'agissait d'une question à résoudre par le Conseil Général, il l'élucidait avec tant de tact et tant d'habileté qu'il préparait nos honorables conseillers généraux à lui donner une solution suivant son désir.

» Je dois ajouter que les membres de notre Assemblée départementale sont toujours disposés à nous être utiles, et je suis heureux de faire cette déclaration devant l'honorable Président du Conseil Général ; mais l'influence qu'exerçait M. Chevalier sur leurs décisions est incontestable.

» Le Pays perd, dans M. Chevalier, non-seulement un homme de bien, mais encore un homme consommé dans les affaires. Par son intelligence et par son savoir, il rendait les plus grands services ; aussi est-il sûr qu'il sera difficilement remplacé !

» L'affluence qui nous entoure justifie mon affirmation et témoigne des regrets que laisse après lui le bienfaiteur de la contrée. »

Puis, après ces touchants témoignages d'estime et de reconnaissance, tous les assistants s'approchèrent de la fosse pour saluer une dernière fois l'homme dont la mort a causé un deuil profond dans toute la région. Puis, la foule se retira vivement émotionnée.

Quelques jours après, le 23 du même mois, en exécution des dernières volontés de mon digne Oncle, et conformément au vœu exprimé par sa respectable mère, je fis exhumer son corps pour le transporter aux Andelys (Eure). C'est là, dans une modeste chapelle de famille, au milieu de nos vénérés parents, à côté de mon fils bien-aimé, que repose la dépouille mortelle de M. Ernest Chevalier, en attendant le jour de la Résurrection!

TABLE DES MATIÈRES

Havre. — Imprimerie Albert MIGNOT, 6 et 8, Place de la Sous-Préfecture.

www.ingramcontent.com/pod-product-compliance
Ingram Content Group UK Ltd.
Pitfield, Milton Keynes, MK11 3LW, UK
UKHW020553180726
13838UKWH00001B/219